Autor: Rocío Martín López.

Diseño portada: Laura Racero Millán.

Título: Neotelling. El arte de comunicar con Tecnología.

ISBN: 978-84-606-6769-8

Editorial: Amazon.

1ª Edición. 2015.

"El que sabe pensar, pero no sabe expresar lo que piensa, está en el mismo nivel del que no sabe pensar".

PERICLES

Gracias

```
X Z G I N N J Q J N P Z D R C A Y M V E B V
J J M B H M S J S O N Y V W U A A B P E M C
R G O A A U P J P A Y A P F N I T L C S I R
B H W N N J C C H O H F L A C F I A O O P W
L H O I W N G O S E Z Ñ S O C B L N A J H Z
E Z B T L L C G M Q S U P L Ñ Ñ I C O Ñ D Q
C R P S T X O Z U U S I E P G F T A Y E H C
T E S I U L D P Y O N Ñ C L D E L E N A A G
O N I R S A R U A L F I P F O X D L O J X H
R B C C V E O M D E L N C T S F E L S Ñ O O
Y N P A P A Ñ H I S S T T A Ñ Ñ L N A O R U
M P Y J T F B Ñ U S N E F A M I L I A E E P
N B H D Y O R D E P G R Z D T A R B C E X X
Y V O X D E T I U F K N I R G A S A E L S W
I A J Z O A Y A L C H E O D M W R A Y A I B
Y E H T N R A I C U L T M B L I W O P E L J
R M X M W D A T U W E A W A I R O T C I V N
U H A M K R I X W R D D R H P E K Q Ñ B I C
O M O Ñ I U S X V J U V R E G T N T L S A G
A T U E C O D N U M Q A O Z U T E S W H D D
E G X G W Q H N N J S N W S M K E C V T R G
Z O N C D A I Z O C D T H Y O K H Ñ C E Z A
Q M R E G R N M O I R A M F V Z G N U D R K
B E L X D Z S G L F X G P I O C I P J A L H
K Z C W D E I P O E Z E O B D D M V U I H I
N Q T Z D R P W S C R K G Q C W X I C S S C
```

Fuente sopa letras: kokolikoko.com

¿Qué causa te apetece defender?

1) Elige un tema para tu discurso.
2) Escribe tu propio discurso en la siguiente hoja o en mi web:

3) Lee el libro.
4) Escribe tu discurso "Neotelling".

(Publica el discurso en mi web y entrarás en el sorteo de una *formación en oratoria con nuevas tecnologías*)

Índice

1. Prólogo de Elena Gómez del Pozuelo

Elena Gómez del Pozuelo - @gomezdelpozuelo

Presidenta de Adigital (Asoc. Esp. de la Economía Digital)

Un libro lleno de ideas, de sugerencias... Se trata de un libro en el que, más que nunca, nos damos cuenta de la importancia hoy en día de la comunicación. Hoy tenemos que comunicar públicamente de forma continua: con nuestros equipos, con nuestros accionistas, con nuestros clientes...

No importa el sector del que provengamos ni el puesto que ocupemos (banquero, directivo, profesor, emprendedor...), pero sin comunicación, no somos nada.

Si eso, lo complementamos con el gran potencial de las nuevas tecnologías a la hora de ofrecer discursos públicos, nuestro cerebro hace una especie de "clic".

Aunque seamos conscientes de que la comunicación es determinante en cualquier ámbito, el libro nos muestra pequeños momentos en los que la comunicación y las nuevas tecnologías confluyen sin ser muy conscientes.

"Neotelling, el arte de comunicar con tecnología", explica, precisamente eso. A través de un nuevo concepto, el libro cuenta cómo un portavoz que se dirige a un público (ya sea empresario, político o docente) tiene que comunicar no sólo con su voz, con sus gestos, con sus pasos por la sala o con su mirada; sino también –y quizá lo más importante- con las nuevas tecnologías. Deberá ofrecer un discurso integrándolas y ante un público altamente conectado.

La comunicación y la tecnología cada vez van más unidas.

Este libro nos hace referencia a ejemplos de cómo combinarlas: pueden ser costosas tecnologías como, por ejemplo, el wearable technology (tecnología ponible) o suelos táctiles, pero también nos pone como ejemplo otras herramientas gratis o de bajo coste como son, por ejemplo, los códigos QR, que consiguen integrar en el propio discurso del ponente, las nuevas tecnologías de sus propios espectadores (tabletas, móviles, smartwatches...).

Al final, lo que el libro pretende es poner de manifiesto esa necesidad real de comunicar de manera distinta ante la avalancha de nuevas tecnologías. Y demostrar que integrar las nuevas tecnologías en nuestro discurso no siempre va asociado a una alta inversión de partida sino que puede resultar prácticamente gratis pero muy eficaz.

Neotelling es un nuevo concepto. Se trata de ponerle un nombre a esa comunicación realmente global y adaptada a las nuevas tecnologías.

Es una respuesta a una demanda de usuarios desconectados en conferencias a los que no se logra captar su atención durante todo el trascurso de la misma.

O una forma de pensar. Es una mente creativa, es un "¿cómo hacer esto distinto?" aplicado a cualquier momento del día de ese orador.

Es ver un auditorio y crear nuevas oportunidades de integración, nuevas ideas donde poder integrar las nuevas tecnologías.

Neotelling son intentos: éxitos y fracasos

de haber integrado tecnologías que funcionan y otras que no.

2. Introducción

1972:

Es el año de la primera animación digital 3D.

Por primera vez, una mujer, Margarita II, reina en Dinamarca desde el siglo XIV.

La sonda estadounidense Mariner 9 transmite fotos desde Marte.

Ese año también deja tragedias como el Domingo Sangriento o la masacre de Munich.

Nacen empresas que revolucionarán el mundo como Nike...

Y en ese año, también el mundo de la comunicación en general y el de los discursos en particular conocen un dato que cambiará el valor de la comunicación verbal y no verbal. Cada mensaje transmitido se reduce a tres pilares fundamentales gracias a Albert Mehrabian: paralenguaje, kinésica y contenido.

Este autor distribuye en porcentajes la importancia que tiene la comunicación no verbal expresada en gestos (comúnmente conocida como kinésica – 55%), las connotaciones del habla (paralenguaje – 38%) y el contenido en sí que se transmite (a éste le otorga solamente un 7% de importancia).

Tras su estudio, muchos han sido los autores y expertos que han aplicado su regla cual algoritmo científico sin tener en cuenta que todas las conversaciones se generan en contextos y que si por algo se caracteriza la fuerza de la palabra, es que no se puede reducir a números encarcelados e inamovibles. De hecho, el propio Mehrabian ha aclarado que su estudio no se puede aplicar en aquellas situaciones en las que no se transmitan sentimientos.[1]

No obstante y, sin lugar a dudas, el estudio de Mehrabian reveló que el receptor entendía más que las palabras, que percibía mucho más allá de lo que se quería decir y que interpretaba cada situación y mensaje en base a todos estos estímulos.

Aceptando la premisa de que en una comunicación o en cualquier discurso tienen una gran importancia variables externas como la kinésica o el paralenguaje, ¿cómo se redistribuyen estos porcentajes con la llegada de nuevos e importantes estímulos como el IoT (Internet of Things o Internet de las cosas)?

En un mundo en el que la comunicación es bidireccional y cada vez las figuras "emisor" y "receptor" están más diluidas, el valor que un usuario le da a la parte tecnológica de una comunicación crece de una manera incontrolable. Pero, ¿a qué parte de la comunicación influye esta nueva variable? ¿Quizá sea un hito distinto: paralenguaje, kinésica, contenido y… tecnología?

Neotelling, un libro más allá del papel

¿Tienes a mano tu teléfono o tablet? A lo largo de este libro encontrarás ejemplos, casos prácticos y alusiones a vídeos a los que podrás acceder gracias a códigos QR que te llevarán a estos contenidos. Así que si aún no tienes descargada una aplicación para lectura de códigos QR o códigos Bidi, descárgala ahora para poder enriquecerte al máximo de este libro.

Aunque las páginas a las que te llevan los códigos QR son páginas estables de las que no se prevé su eliminación, al ser un contenido externo a mi web, me es imposible garantizar que todos los códigos QR que te encontrarás funcionen correctamente en los próximos meses o años. Eso sí, prometo revisarlos con cierta periodicidad para subsanar aquellos errores de enlace que encuentre con el fin de que tu experiencia sea completamente satisfactoria.

Ej. aplicaciones de lectura de códigos QR

| *QR DroidCode Scanner* | *ScanLife-BIDI* | *Scan* |

Probablemente no toda la tecnología expuesta en este libro llegue a su máximo esplendor. Gran parte de las acciones podrán morir antes de nacer, otras tendrán un gran éxito y serán replicadas por la competencia esperando obtener la misma repercusión y muchas otras surgirán con el paso de los años...

---

[1] Albert Mehrabian [...] Unless a communicator is talking about their feelings or attitudes,

Este libro no pretende ser un libro futurista sobre las tecnologías que vendrán: el objetivo fundamental de éste es transmitir ese cambio en la forma de comunicar desde la irrupción de las nuevas tecnologías, sean éstas u otras.

En cierto modo, este libro es un cambio de chip, una apertura de pensamiento, un ¿y por qué no?, un ¿qué pasaría si...?, un ¿por qué seguir haciendo lo mismo cuando la situación ha cambiado? Un sinfín de preguntas para las que este libro ofrece soluciones y alternativas, pero no son las únicas. Cada discurso Neotelling creará su propia manera de integrar las nuevas tecnologías en el mismo y será ésta, precisamente, la magia de la comunicación con nuevas tecnologías. Cada discurso deberá ser único y diferente porque el público también será distinto.

Teniendo en cuenta que hasta cuando comunicamos datos y conocimiento estamos transmitiendo sentimientos al hacerlo, Neotelling es el concepto que nace tras la pregunta: ¿ha surgido un cuarto hito en el estudio del psicólogo Mehrabian? Neotelling es el arte de hacer discursos que tienen en cuenta el paralenguaje, la kinésica, el contenido y, también y, por supuesto, la tecnología.

Neotelling es crear de manera diferente, contar de forma distinta y ver en lo nuevo una oportunidad de crecimiento.

these equations are not applicable. Referencia online: http://goo.gl/nXjISR

3. ¿Qué es Neotelling?

El término "Neotelling" define, desde la estructura misma de su nomenclatura, la esencia de este nuevo fenómeno.

Neotelling se refiere al nuevo arte de ofrecer un discurso integrando en él las nuevas tecnologías.

Neotelling

'nuevo' 'contar -ger'
(griego) (inglés)

Escribí, por primera vez, el término Neotelling el 2 de febrero de 2015 en el Tate Modern de Londres. ¿Por qué en ese lugar y en ese momento? Porque Neotelling también es aprovechar la oportunidad de integración on y off en el momento en el que se presenta. Este nuevo arte no sólo implica buscar y solicitar nuevos recursos tecnológicos, sino también crear nuevas ideas ante los ya existentes.

Este museo cuya ubicación es la antigua central de energía de Bankside, se caracteriza por albergar obras de arte contemporáneo y recurre a la tecnología en numerosas ocasiones con el fin de lograr una mayor interacción con el usuario.

En dicho museo se había construido un espacio denominado "Bloomberg Connects, Drawing Bar", donde cualquier visitante que estuviera inspirado podía crear su obra allí mismo y compartirla con los allí presentes. El museo también permitía publicar la obra en su página de Flickr, con lo que dicha acción no se quedaba en "tecnología en espacio offline", sino que iba más allá. "Digitalizan la acción llevándola al ámbito online".

Conceptos clave de este libro

- **Neo:** una palabra antigua –griega– que define un nuevo término y que, a la vez, su significado es, precisamente ese: "nuevo".

- **Telling:** un verbo que indica la acción de contar: ofrecer discursos, hacer conferencias, comunicar mensajes de empresa… Además, se une a "neo" en gerundio con el fin de transmitir esa acción constante y actual de explicar un mensaje de una forma nueva y distinta.

- **Nuevas tecnologías:** se trata de un término obvio y, que, sin embargo, requiere una especificación del concepto para otorgar al libro el significado con el que se ha escrito.

Cuando hablo de nuevas tecnologías, no me refiero solamente a las nuevas tecnologías actuales de uso común: proyectores de presentaciones, móviles, tablets, ordenadores, Google Glass o relojes inteligentes, entre otros.

Me refiero al concepto "nuevas tecnologías" para aludir a las nuevas tecnologías actuales y, sobre todo, a las del futuro. A esas que actualmente se las mira con el rabillo del ojo sabiendo que existen pero con miedo a apostar por ellas. También a las nuevas tecnologías que en los próximos años condicionarán, inexorablemente y aunque no queramos, cualquier discurso, conferencia, reunión o, simplemente, una clase de universidad.

Pequeños dispositivos tecnológicos generados gracias al IoT (Internet of Things o Internet de las cosas), ropa inteligente (smart clothing), pantallas de reconocimiento facial y de emociones, usos útiles de realidad aumentada o tecnología, incluso, en la propia piel... Son muchos los prototipos que desde hace ya algunos años se están desarrollando con el fin de encontrar nuevas aplicaciones y usos en la vida cotidiana.

Dentro de unos años, algunos de éstos habrán perecido en el intento, otros aún seguirán intentando despegar y, otros, habrán conseguido llegar al clímax de su existencia.

En cualquier caso, se trata de tecnologías que condicionarán fuertemente la manera en la que nos expresamos, la forma en la que nos comunicamos entre nosotros y ante un auditorio. Tanto porque el ponente pueda utilizarlas de manera natural a lo largo de su discurso como porque los receptores las empleen con diferentes objetivos.

- **Neotelling:** por tanto, cuando hablamos de Neotelling, lo hacemos de una nueva concepción de los discursos y las nuevas tecnologías. Este libro trata, precisamente, de la creación de un nuevo lenguaje o una nueva forma de contar las cosas. No se trata de decidir qué es más importante o qué mueve más al usuario, o, en definitiva, qué vence sobre qué: ¿la palabra y el paralenguaje sobre las nuevas tecnologías o viceversa? ¿La kinésica sigue llevándose la palma o la tecnología cautiva al auditorio que eclipsa el resto de hitos? Ningún mensaje puede ser comprendido en su totalidad sin el equilibrio y la integración de cada variable.

Un discurso Neotelling no es "o", es "y". Es integración de tecnología y factores tradicionales, no exclusión de éstos

---

Este libro habla de un nuevo lenguaje en el que la palabra recurre a las nuevas tecnologías como impulso de atención y complemento de información y éstas, a su vez, hacen lo propio con la palabra y la comunicación no verbal.

En resumen, este libro explica una nueva forma de expresión y es que, tal y como dijo el ateniense Pericles, "el que sabe pensar pero no sabe expresar lo que piensa, está en el mismo nivel del que no sabe pensar". Pues bien, quien no aprenda a comunicar integrando y no excluyendo las nuevas tecnologías, perderá la transmisión de su mensaje y la conexión con su público.

¿Cómo se captará la atención sólo con la palabra ante un niño multidispositivo?

¿Cómo se interaccionará en las conferencias con la tecnología ponible o el IoT?

¿Cuál será en un futuro la atención máxima de un espectador?

La intimidad tendrá una nueva lucha con la invasión de las nuevas tecnologías, ¿quién ganará?

Estamos ante una era de cambio en la comunicación, pero ¿cuánto de estable será este nuevo lenguaje?

¡Comparte alguna de estas preguntas con el hashtag #Neotelling y debate sobre ellas en Twitter!

4. Principios básicos del discurso Neotelling

Antes de comenzar con los principios básicos de un discurso Neotelling y entrar en harina sobre cómo desarrollarlos, quiero compartir contigo una sensación. Permíteme que te tutee aunque no te conozca, me gustaría que este libro se adaptase a tu léxico y que te tratase de "usted" o "tú" en función de quién seas y cómo quieras que te traten, pero aún no se ha inventado esa tecnología. ¿Libros inteligentes basados en reconocimiento facial?

¿Escribir en futuro o en presente este libro? Habitualmente asociamos las nuevas tecnologías al futuro y, sin embargo, ya son el presente, sólo que no tienen aún un uso generalizado en algunos casos. Esto nos lleva a pensar, erróneamente, que aún no existen. Lo cierto es que cuando se utilizan, la forma de comunicar cambia necesariamente y la acogida es positiva. Como ya hay experiencias sobre ello, se trata del presente y no del futuro.

A lo largo del libro te encontrarás con tiempos verbales mezclados: presente y futuro que luchan entre sí por ocupar un lugar en la historia de la comunicación tecnológica. Al final, escribir en presente o en futuro habla de los grados de penetración de las nuevas tecnologías y que nos encontremos en este punto de incertidumbre quiere decir que algo está cambiando. Significa, que aunque el futuro ya es presente, no lo es tanto como para hablar de "aquí y ahora" de manera categórica.

Tras esta disculpa implícita por el baile de tiempos verbales que te encontrarás, coge rotulador para subrayar lo importante o inmortalízalo con tu móvil para que él se encargue de traducir las palabras impresas a caracteres digitales.

Una de las aplicaciones con las que puedes hacer una foto a un texto y que la propia aplicación lo convierta en texto editable es: OCR Instantly Free (Android). Captura el código QR y pruébala captando las partes de este libro que más te gusten y guardándolas en formato texto.

¡Entramos en materia!

¿Qué debe tener tu discurso para que sea un discurso Neotelling?

La premisa esencial de un buen discurso Neotelling es la actitud, algo aparentemente trivial y que, sin embargo, determinará el éxito o fracaso de tu discurso.

Por este motivo, este concepto encabeza este epígrafe de criterios para considerar una comunicación como un "discurso Neotelling".

A continuación, se explicarán cada uno de los factores que influirían en la recepción de un mensaje. Lógicamente, estos criterios van desde los ítems más tecnológicos y novedosos hasta los más tradicionales pero adaptados a este nuevo momento. En estos últimos, me detendré menos ya que son, por lo general, bastante conocidos y comentados.

1. Actitud Neotelling.

2. Palabras.

3. Kinésica *actualizada*.

4. Proxémica *actualizada*.

5. Paralenguaje *actualizado.*

6. Omnicanalidad

1. Actitud Neotelling: este factor abría este epígrafe y es que, en mi opinión, es tan importante que, sin él, cualquier comunicación quedaría carente de sentido completo. Una actitud Neotelling supone una pasión real por la integración de las nuevas tecnologías en tu discurso, significa "percibir" esa posibilidad de usar las tecnologías con el mismo valor e importancia que le das, por ejemplo, a hacer apelaciones al auditorio que te escucha.

Usar las nuevas tecnologías en tu discurso "porque toca" o como "moda pasajera" no es tener una actitud Neotelling. Los espectadores notan estos detalles y restan credibilidad a tu discurso. Este tipo de actitudes o una "pose" pro-tecnológica sin creértelo realmente hará que tu discurso no llegue.

Considero tan importante la actitud porque es el motor responsable de que nuestras ideas se conviertan en actos y, sobre todo, de que éstos se diferencien de otros gracias a la actitud empleada. El conferenciante Víctor Küppers recoge en sus ponencias que el valor de una persona reside en la suma de los conocimientos y habilidades que tiene multiplicados por la actitud ([Conocimientos + Habilidades] * Actitud)[2]. Por este motivo la actitud es tan importante, porque es la que multiplica en esta ecuación.

2. Palabras: por supuesto, el discurso tiene que contener palabras. Probablemente hayas escuchado aquello de "un envoltorio bonito tiene que tener un rico caramelo en su interior"… Por mucho que en nuestras comunicaciones cuidemos los gestos, seamos consecuentes con lo que podrían significar, aprendamos a integrar las nuevas tecnologías creando un nuevo lenguaje y controlemos nuestra voz: sin contenido, nuestro discurso no tendrá sentido.

---

[2] Conferencia TEDxAndorralaVella. "Actitud", Víctor Küppers. 2013. Referencia a partir del minuto 6. Disponible online en la url: https://www.youtube.com/watch?v=nWeclwtN2ho

El resto de factores son útiles para atraer y mantener la atención del espectador, pero no podemos olvidarnos de que el contenido es la razón principal por la que esa persona está ahí[3].

El oyente o "escuchante", según la voluntad del hecho, se ha convertido en espectador, ya que los estímulos en una conferencia, mitin o clase, han dejado de ser sólo auditivos. El origen actual de los estímulos que complementan una comunicación es tan diverso como el ponente quiera hacerlo y en todo ello la tecnología tiene una especial responsabilidad.

Captura este código QR para disfrutar del vídeo "El poder de la palabra", del programa "Palabra Voyeur" (RNE3). Reescriben el poema del escritor Gilberto Ramírez Santacruz como homenaje al poder de la palabra y a la fuerza de ésta para generar emociones, remover sentimientos e incitar a la acción.

En este libro no desarrollaré algunos tips básicos que ya se han encargado de explicar en numerosas ocasiones grandes expertos. Me refiero, por ejemplo, a consejos como que un contenido debe adecuarse al público al que va dirigido, que debe ser claro, preciso, que se deben utilizar metáforas o llamadas de atención...

Lo que sí me gustaría destacar es, por un lado, la vital importancia de un contenido de calidad para que el envoltorio no se convierta en humo; y, por otro lado, hacer una pequeña

---

[3] Cuando hablo de palabras me refiero al contenido en general del tema expuesto, independientemente de que éste se transmita por la voz, con vídeos, gráficos...

reivindicación a la explicación rimbombante de cualquier concepto que conlleve tecnología. Si la idea tiene fuerza, una explicación sencilla le otorga elegancia; y si la idea no tiene suficiente valor como para ser defendida sin explicaciones grandilocuentes, no te esfuerces. El nuevo espectador interactuará contigo y te hará saber que no le vale.

"No entiendes realmente algo a menos que seas capaz de explicárselo a tu abuela". ALBERT EINSTEIN

---

3. Kinésica *actualizada*: el término "kinésica" viene del griego <kineo> y significa movimiento. Hace referencia a los mensajes no verbales expresados en un discurso de manera simultánea al contenido en sí de éste.

Al hablar de kinésica lo hacemos de los gestos y los movimientos del cuerpo que una persona utiliza al hablar, la expresión de su rostro cuando lo hace, la mirada a la que recurre, el tacto...

El significado que le otorgamos a cada expresión no es único ni universal, está influido por las propias experiencias de cada receptor, por cada cultura y por un sinfín de factores que influyen de manera directa en este entendimiento.

No obstante, es cierto que algunos gestos son más universales que otros y ante los que casi se obtiene un *quórum* sobre su significado.

Pues bien, las nuevas tecnologías han influido e influirán en mayor medida durante los próximos años en estos significados, debido a que éstas se meten, hasta la cocina, como se diría popularmente, en nuestra forma de expresarnos.

"Lo importante no es lo que dices, sino lo que la gente entiende". FRANK LUNTZ

A continuación se mostrarán varios ejemplos en los que se percibe este cambio de significado en las conductas de emisor y receptor.

En muchas ocasiones no se cambia el significado de un gesto, sino que en la ausencia del mismo por la irrupción de una nueva tecnología, otros pilares de la comunicación tienen que salir en su ayuda con el fin de que el mensaje transmitido sea el deseado.

• *Gafas de realidad aumentada, Google Glass o Samsung Gear VR:* cualquier tipo de objeto frente a los ojos nos impide apreciar la mirada de nuestro interlocutor y, con ello, la manera en la que comunicamos tiene que ser diferente.

Es similar en forma, aunque diferente en contenido, a lo que ocurre cuando hablas con una persona con gafas de sol. La semejanza, como es lógico, reside en el obstáculo que supone este elemento para ver y valorar lo que una mirada nos transmite.

La diferencia es la cantidad de estímulos que recibimos con unas gafas de sol (cero estímulos externos de las propias gafas) y con lentes tipo Google Glas o Gafas de realidad aumentada.

En estos casos, quien las porta tiene que encontrar el equilibrio entre la atención que presta al receptor y a los estímulos que recibe por este objeto. Y más aún en el caso de las gafas de realidad virtual como, por ejemplo, las gafas GEAR VR de Samsung. Aquí, la ausencia de mirada es total.

Y ante ello, el emisor compite por captar la atención suficiente para que su mensaje llegue y sea entendido de una forma correcta.

"Cuando la mirada muere, la voz es el beso que la resucita" #Neotelling

---

Ante esta situación y esta lucha por una atención limitada, la voz juega un papel esencial para captar una parte de ella. Una atención cada vez más dispersa por estímulos externos.

Competir con tantos impactos externos como hay actualmente solamente con tu voz no es tarea fácil, y por este motivo un buen entrenamiento de la voz se ha convertido en un arma inherente a una comunicación exitosa.

Estemos ante un discurso con una gran cantidad de elementos tecnológicos integrados en el mismo o ante uno tradicional con un auditorio multidispositivo y multitarea, la importancia de la voz es vital en ambas circunstancias.

En el primer caso, un buen uso de la voz mantendrá la atención captada por el uso de nuevas tecnologías. Y, en el segundo caso, no tienes elementos tecnológicos para captar esta atención ya que te encuentras ante un auditorio que sí utiliza las nuevas tecnologías e interactúa con ellas de manera constante. Este auditorio necesita que tu control de la voz (paralenguaje) sea absoluta para llevar a cabo ese sentimiento "multitarea" que ha adquirido como propio la Generación C o generación conectada.

Precisamente es este sentimiento multitarea, generado en gran parte por el uso habitual de la tecnología, el que permite a los asistentes a una conferencia diversificar su atención e interiorizar el mensaje transmitido, y al mismo tiempo interactuar en redes sociales o, incluso, leer el correo o hacer búsquedas concretas que complementan lo que están escuchando[4].

En muchas conferencias y sesiones formativas, al tener tantos estímulos externos, el espectador no se encuentra observando al ponente de una forma continua. Por este motivo, el hilo conductor de la ponencia será la voz y se deberán dominar sus cualidades por completo (entonación, respiración...) para captar esa atención que se pierde a medida que pasa el tiempo.

Curiosidades para mejorar la atención

La técnica de los 2'

Test atención y percepción

No obstante y, en mi opinión, los intentos de gafas especiales como los anteriormente descritos, y, en general, cualquier tecnología de visualización heads-up, creo que no llegarán a calar

---

[4] La búsqueda de información complementaria durante una conferencia o el contraste de datos de manera instantánea es una conducta actual muy interesante de emisores y receptores que se analizará en capítulos posteriores.

de una manera tan profunda como para que se instaure su uso generalizado en conferencias y clases.

Considero que sí se utilizarán como entretenimiento individual o cualquier actividad que se realice en solitario: viajes solo, visitas a exposiciones o museos... Pero creo que no se popularizará su uso en experiencias grupales diarias por varios motivos:

1) Su uso continuado no es beneficioso para la salud visual: obstrucción parcial de la visión periférica según la Universidad de California[5], fatiga o confusión visual según el oftalmólogo Sina Fateh, rivalidad binocular, interferencia visual, desviación latente o desalineación de los ojos...[6]

Además, pueden producir dolor de cabeza o estrés en los ojos según el propio Google y no es aconsejable para la gente operada con láser.

2) Supone una barrera muy fuerte en la que en conversaciones con personas de confianza, supondría una pérdida de la misma por la distancia obligada de éstas.

3) Como usuarios (niños y adultos), creo que nos adaptaremos mejor a cualquier tecnología proyectada en la piel que a una que interfiere de una forma tan directa sobre nuestros ojos.

4) Por último, la experiencia de uso aún no es lo suficientemente buena como para que la relación calidad-precio sea positiva. Si ésta fuese excelente y la sensación y experiencia generada por este tipo de gafas fuese espectacular, el usuario podría usar las gafas de manera habitual aún con los impedimentos anteriormente mencionados.

---

[5] Tsontcho Ianchulev et al."Wearable Technology With Head-Mounted Displays and Visual Function". Jama (4 de noviembre, 2014). Fuente: web agenciasinc.es.

¡Momento relax! Parodia de Google Glass.

- *Pantallas, techos y suelos táctiles*: cuando en un aula, auditorio de empresa o pabellón se instale cualquier tipo de soporte digital en el que se proyecte cualquier contenido, el control de los gestos por parte del speaker será fundamental para "aprovechar" esos recursos en su beneficio. Integrándolos en su discurso conseguirá mejorar la atención de los espectadores, aumentar el recuerdo de lo que en ese momento explique y, en consecuencia, ofrecerá un discurso más efectivo.

Las pantallas en techos, suelos o paredes –bien supongan la totalidad de estos lugares o bien ocupen parte de los mismos– generan en el usuario una nueva experiencia y, precisamente por ello, por la involucración y el aprendizaje de esta experiencia, la probabilidad de que ese espectador recuerde tu conferencia en un futuro aumenta considerablemente.

"Dime y lo olvido, enséñame y lo recuerdo, involúcrame y lo aprendo". BENJAMÍN FRANKLIN

---

[6] Blog de Tecnología de Orange, *Ohmyphone*: "Google Glass afectan a nuestra salud visual".

Aunque estas tecnologías y muchas otras se desgranarán y ejemplificarán en los próximos capítulos, a continuación expongo un par de posibilidades para aprovechar las pantallas en techos, suelos, paredes u en otros objetos:

a) **Proyectar vídeos o cualquier contenido multimedia relacionado con el discurso que estamos ofreciendo.** Lógicamente, la elección del contenido proyectado tiene que tener un objetivo muy claro y no utilizarse sólo por tendencia.

b) **Pequeños impactos visuales para retomar la atención del espectador.** Como bien sabrás, aunque tu discurso sea muy interesante, el espectador puede perder la atención con facilidad y podemos usar estas herramientas para retomarla.

c) **Proyectar frases inspiradoras** que, además de contribuir a una retención mayor del mensaje, contribuirán a una imagen de marca positiva difundida a través de fotografías y vídeos por los usuarios. La interacción aumentará con este tipo de acciones. No olvides incluir un pequeño hashtag que te permita una monitorización posterior en cada lema que proyectes.

d) ¿Y si pruebas a hacer algo ad hoc para esa sala e integrar en las diferentes pantallas un **juego, test o una acción que contribuya a ejemplificar tu discurso?**

e) No olvides que las pantallas también pueden ser táctiles y esto te permitirá ofrecer un sinfín de posibilidades en tu discurso, fomentando la interacción con el usuario.

¿Te imaginas un suelo táctil convertido en una orquesta con diferentes instrumentos que el público puede activar con tan solo poner el pie encima? ¿Te imaginas que esta idea se utilizase en una ponencia sobre comunicación sensorial, psicología musical o trabajo en equipo?

Una pantalla táctil recupera un sentido a veces olvidado en la comunicación. Integra, de nuevo, el tacto en ella.
#Neotelling

---

o *Videoconferencias*: dentro de la kinésica avanzada también se incluiría, y con una gran importancia, las videoconferencias ya que éstas condicionan los gestos empleados. Al igual que ocurre con una conversación telefónica, al carecer de algunos sentidos, tenemos que potenciar otros.

Cuando un ponente habla a su audiencia a través de una videoconferencia deberá modificar sus gestos en función del plano elegido con el fin de que estos gestos sean vistos por sus espectadores.

Por su parte, los espectadores tendrán menos estímulos no verbales para formar su propia percepción del ponente. Por este motivo, el control de esos gestos por parte del emisor tiene que ser alto, para que así no genere una percepción errónea sobre sí mismo.

En cuanto a la mirada, ésta también se ve condicionada por la tecnología empleada en la videoconferencia. No se deberá comunicar del mismo modo a través de Skype en un PC que a través de un móvil. El emisor del mensaje deberá mirar a la cámara del dispositivo y lo deberá intercalar con la mirada a los ojos del receptor. Gracias a ello el emisor conectará con el receptor y también podrá analizar su feedback de interés a través de su mirada.

Como ejercicio práctico y con el fin de interiorizar lo anteriormente expuesto, te propongo que te grabes con tu móvil simulando la emisión de un mensaje a través de éste. Tras realizar diferentes grabaciones mirando hacia diferentes partes del móvil (cámara, parte superior de la pantalla y el centro de la misma), podrás ver cómo comunicas con la mirada a través de cada situación.

También puedes realizar este ejercicio realizando varias fotografías y mirando en cada una de ellas a las diferentes partes del móvil: ¿por qué en un selfie se suele mirar más a la cámara que al comunicar con un vídeo? Darse cuenta del cambio en la percepción del espectador al realizar la transmisión del mensaje de una forma u otra es el primer paso para mejorar dicha comunicación con nuevas tecnologías en aras de la efectividad de la misma.

En este caso, la tecnología genera esa comunicación. Esa interacción es posible gracias a la propia tecnología. Pero, en contrapartida, una videoconferencia supone una pérdida de información en comunicación no verbal gestual.

- *Ropa inteligente:* la ropa inteligente probablemente creará una nueva tipología de gestos, ya que, en muchas ocasiones, se necesitan determinados movimientos para activar estas tecnologías. Se trata de movimientos que no tienen un significado más allá que la propia activación de la tecnología.

En un primer momento, este tipo de movimientos distraerá a la audiencia ya que les prestará más atención de la habitual por la sorpresa que éstos le generan. Con esta mayor atención buscamos, inconscientemente, una mayor información de la persona que habla, como ocurre, por ejemplo, con la información que extraemos de una persona que toca mucho su pelo, que mueve mucho las manos o que utiliza mecanismos conductores para aliviar tu tensión.

Sin embargo, probablemente cuando el uso de esta tecnología se haya estandarizado, estos movimientos pasarán a formar parte de la vida cotidiana de los espectadores y los identificarán con facilidad en cualquier conferencia. Esto permitirá que la atención se vuelva a focalizar en el mensaje transmitido, en el contenido y no en este continente carente de información extra.

A continuación se muestran ejemplos de cómo la tecnología alterará la tipología clásica de los gestos que cualquier persona realiza y que, en consecuencia, también se hacen en discursos y en cualquier comunicación pública. Esta tipología de gestos es la típica que se aplica en cualquier formación general sobre kinésica.

1) Los *gestos emblemáticos*, es decir, las señales emitidas intencionalmente y cuyo su significado se conoce, se mantendrán con la irrupción de las nuevas tecnologías ya que se componen de una gran parte de consciencia y, por tanto, si se reproduce es porque el emisor así lo quiere.

2) En cuanto a los *gestos ilustrativos,* los que nos ayudan a "ilustrar" lo que decimos, continuarán sirviendo como apoyo a la comunicación verbal e, incluso, su uso podría reforzarse en aquellas situaciones en las que la tecnología impida el reconocimiento de algún gesto.

Por ejemplo, en una conferencia con un plano medio emitida por streaming (videoconferencia por tanto para la audiencia online), probablemente el ponente recurra en mayor medida a gestos ilustrativos e, incluso, también más a los emblemáticos para reforzar su mensaje. Lo hará así porque será consciente de que el receptor dispondrá de menos estímulos no verbales.

3) Respecto a los *gestos patógrafos,* éstos podrían ver aumentada su intensidad por el mismo motivo que los ilustrativos, con el fin de que el emisor se asegure de que le llega al receptor la máxima información posible. Los gestos patógrafos son aquellos que acompañan a la palabra y expresan un estado de ánimo, por ejemplo: "dolor de cabeza" expresado con la mano sobre la sien", o un "grito de satisfacción" acompañado del puño cerrado y codo semiflexionado.

4) En cuarto lugar se encontrarían los *gestos reguladores*. Éstos tienen como finalidad gestionar las intervenciones de la comunicación. Normalmente se utilizan para frenar o acelerar al emisor, indicarle que debe continuar, inducirle para ceder el turno…

Con la inclusión de las nuevas tecnologías, este tipo de gestos se mantendrán y debido a su función, no presentarán grandes modificaciones en ellos. Se continuarán regulando las conversaciones y lo único que se realizará es que se adaptarán dichos gestos a cada situación comunicativa. Por ejemplo, mientras que en una conferencia el interlocutor puede detener la comunicación o reanudarla con su mano; en videoconferencias con un plano corto este mensaje regulador se llevará a cabo con la mirada o con la cara.

5) Los *gestos adaptadores* son aquellos gestos que utilizamos para "controlar o manejar" emociones que no queremos expresar públicamente. En cierto modo, recurrimos a ellos como

"elemento de seguridad" cuando nos intentamos tranquilizar a nosotros mismos.

Entre estos gestos destaca el uso de elementos conductores de nerviosismo como es el bolígrafo. Aunque, en mi opinión, no es recomendable ya que es fácil caer en el "clic-clac" de sacar y meter la punta de dicho utensilio.

En la vertiente más tecnológica de este tipo de gestos nos podemos encontrar dos casos, aunque probablemente la tendencia siga el segundo en detrimento del primero.

a) Elementos tecnológicos como mecanismo de liberación de estrés: algunas de las tecnologías que actualmente se utilizan en conferencias educativas y empresariales (en política no se suelen ver este tipo de herramientas) hacen las veces del bolígrafo anteriormente mencionado. Se utilizan como canales conductores de nerviosismo y estrés. Me refiero a cualquier mando que active/desactive o a través del cual se controle cualquier aplicación, proyector, robot, dron…

b) Manos vacías: la tecnología podría evolucionar hacia una activación a través de otro tipo de sensores que no necesiten tener algo físico en las manos (tecnología Kinect o similares). Por ello, todo parece indicar que estamos ante una era de "manos vacías", manos que no llevarán ni papeles, ni bolígrafos ni ningún utensilio con el que poder canalizar y camuflar nuestras emociones.

En definitiva, nos encontramos ante una época en la que cada vez el "cómo hablar ante un auditorio" se vuelve más crucial —si cabe- que en años anteriores. Cualquier ponente o "speaker" deberá saber usar sus manos, además de controlar el uso de su voz o del espacio para transmitir un mensaje.

"Saber utilizar las manos" y comunicar con ellas en este época tecnológica exige tener la capacidad de gesticular para aportar información interesante a la charla a través de la comunicación no verbal (enumeraciones, gestos aclaratorios, reguladores de conversación como se ha mencionado anteriormente...). Además, exige trabajar de manera natural la interacción con las herramientas tecnológicas que haya en cada ponencia.

Se trata de encontrar un equilibrio natural y cohesionado con el discurso entre gestos que aportan información y otros cuya única finalidad será la de servir a la tecnología.

6) Por último, conviene destacar la *expresión facial*, ya que con la cara somos capaces de transmitir la mayor parte de emociones y estados de ánimo que podamos imaginar.

Pues bien, si por algo se caracterizan las nuevas tecnologías es, precisamente, por ser un estímulo externo a cualquier comunicación o conversación. Si bien este libro pretende que ese estímulo se integre en el propio discurso, es cierto que el carácter disuasorio de la tecnología podría fomentar la falta de atención si no se gestiona correctamente.

Por tanto, el control de la mirada y de la expresión facial guiará esta integración. Con la mirada podemos recuperar la atención de quien nos escucha o, por el contrario y según cómo la utilicemos, podemos provocar que el espectador desvíe su atención ante estímulos externos.

Con la llegada de las nuevas tecnologías, la expresión facial cobrará aún si cabe más importancia, ya que es la que permanece durante toda la interacción comunicativa. Siempre existe al menos una expresión facial con la que llegar al auditorio, ya estemos ante videoconferencias o ponencias en el mismo espacio; bien el espectador vea al *speaker* en plano general, medio o corto; o aunque se usen otros elementos tecnológicos que impidan percibir parte de esa expresión facial como ocurriría con las gafas de realidad aumentada... Siempre hay una expresión facial con la que podamos llegar a nuestro público.

Muchas veces, la tecnología favorece la existencia de esa comunicación, pero la esencia de la interacción y conexión entre públicos reside en el alma de esta comunicación y ésta, principalmente, se transmitirá con la expresión facial y la voz.

4. Proxémica *actualizada*: este concepto hace referencia al control del espacio que tiene el ponente durante su discurso. Si antes de la irrupción de las nuevas tecnologías ya era un aspecto muy importante en la comunicación no verbal, con la presencia de pantallas casi en cualquier objeto, dicho valor aumenta.

Actualmente y, sobre todo, en un futuro, el emisor deberá concebir el espacio como algo más global y hacer referencia físicamente y a través de gestos a cada una de las partes que lo componen.

En términos prácticos...

• Si el ponente se encuentra en un discurso retransmitido por *streaming*, deberá controlar el espacio físico de la sala y también el "espacio virtual" de los espectadores online.

• Si dicha comunicación se genera a través de telepresencia, el emisor tendrá que tener en cuenta que gracias a las características de esta tecnología se encontrará, prácticamente, en el mismo lugar que su receptor. Tanto sonido como imagen han sido "ubicados" para generar un espacio sonoro y visual que simulen una interacción en el mismo espacio y tiempo.

Por tanto, la forma de utilizar el espacio deberá ser la misma que si emisor y receptor realmente compartiesen ubicación; pero con la diferencia importante de que no es así. En esta ocasión, la capacidad de hablar a una cámara y de moverse ante ella cual presentador de un programa de televisión controlando el espacio completo es vital.

• Si la sala desde donde se realiza el discurso dispone de pantallas (ya sean de reconocimiento facial, táctiles o con otro tipo de interacción), el ponente tendrá que controlar el espacio para acceder a cada uno de estos puntos e interaccionar con ellos de una forma natural: caminando despacio por el espacio, haciendo inflexiones durante el trayecto... Deberá concebir cada objeto que contenga una pantalla como una oportunidad de impacto en el auditorio, un complemento de información y un impulso del propio discurso.

Con todo ello llegamos a una importante pregunta: ¿un químico, profesor de matemáticas o un empresario que se dedica a comercializar semillas de amapola por Internet tienen que ser "comunicadores"? ¿Tienen que tener habilidades y formación para comunicar ante un auditorio?

Inevitablemente sí. Hasta ahora, se podían salvaguardar en una comunicación más personal y directa tras unas conferencias en las que no siempre controlaban su entonación, espacio y gestos. Pero ahora, además de adquirir esas habilidades de comunicación que siempre han necesitado, es imprescindible que conozcan cualquier tecnología que estén usando y sepan cómo interactuar con ella.

No todos los interlocutores estarán preparados para hacer discursos Neotelling, pero todos ellos podrán formarse para hacerlo. Ya que la comunicación es una capacidad innata que puede ser desarrollada y aprendida.

No es lo mismo "saber" de un tema, que "saber explicar" ese tema.

No es lo mismo "tener conocimientos" que "saber comunicar" estos conocimientos.

Al final, no es lo mismo "aprender" que "enseñar"

#Neotelling

Todos los interlocutores deberán formarse para desarrollar discursos en los que realmente se integre la tecnología y se utilice como impulso. Desde los interlocutores que actualmente ven en un atril un lugar perfecto para esconderse durante su ponencia hasta los *speakers* más alabados por el público por su sobresaliente control de la voz, del espacio y de los gestos.

La diferencia de este aprendizaje es clara, aquellos que ya controlen la comunicación básica y tradicional solamente necesitarán ese *push* en comunicación con tecnología (además de una mentalidad Neotelling imprescindible para este tipo de discursos). Mientras que quienes aún no dominen el arte de la oratoria, no sólo necesitarán aprender cómo comunicar con tecnología, sino que también tendrán que practicar y aprender a dominar el uso de su voz, del espacio en el que ofrecen una ponencia, de sus gestos y de toda la comunicación no verbal que protagoniza sus discursos más allá del contenido que ofrecen.

Lo realmente importante de un discurso #Neotelling es la actitud con la que lo afrontas, no el conocimiento con el que partes.

---

5. Paralenguaje *actualizado*:

"Cuando la mirada muere, la voz es el beso que la resucita"... Estas palabras intentaban explicar hojas atrás que la voz es casi el arma más valiosa que tenemos con la llegada de las nuevas tecnologías, ya que con ellas, por un lado, se generan conversaciones, ponencias y cursos que de otro modo nunca hubiesen tenido lugar. Pero, por otro lado, muchas veces emisor y receptor no comparten el mismo lugar físico y, en ocasiones, el emisor tiene que atraer la atención en exclusiva de un receptor multitarea.

Controlar el ritmo de una ponencia, la entonación utilizada, guiar al receptor en el fin de una idea o causarle tensión y sorpresa con la Técnica del Lobo[7] son algunas de las claves que componen el aprendizaje de un buen uso de la voz.

Con la llegada de nuevas tecnologías, estas técnicas y uso de la voz que técnicamente se conoce como paralenguaje también cambiarán, aunque en menor medida.

Excepto en videoconferencias con traductores de voz simultáneos y otro tipo de ponencias, la voz, raramente, queda excluida del discurso. Por este motivo, porque siempre será la que guíe tu comunicación independientemente del tipo de tecnología ante la que te encuentres, deberás aprender a usar tu voz y adaptar su uso a cada situación.

5 consejos prácticos para el control de tu voz

1) <u>Conócete</u>: para poder usar tu voz debes conocer tus límites: hasta dónde puedes llegar en graves y agudos, durante cuánto tiempo tu voz responderá en condiciones óptimas, si tu aparato fonador presenta alguna propensión a nódulos, pólipos, disfonías...

Este consejo es extrapolable al resto de conceptos explicados en este libro. Necesitas conocerte a ti mismo para detectar tus carencias en el uso de gestos, control del espacio y en inclusión de nuevas tecnologías en tu discurso. Una vez detectada la razón

---

[7] La Técnica del Lobo se utiliza en oratoria cuando se hace una parada más larga de lo normal en una idea inacabada con el fin de cautivar al auditorio. Transmitiría la siguiente idea: "Estate atento porque, a continuación, llega una sorpresa importante".

de esa carencia (formación, seguridad, confianza…), se podrán poner en práctica técnicas para superarla.

2) <u>Explica, cuenta, comunica</u>: olvídate de papeles perfectamente escritos y explica los conceptos desde el corazón. Al margen de que pueda parecer un reduccionismo exagerado, lo cierto es que hablar desde el corazón nos permite explicar las cosas con una mayor naturalidad, utilizar menos tecnicismos y obtener una comunicación más eficaz.

Si quieres ser alabado superficialmente, habla desde la razón con palabras grandilocuentes y técnicas; si quieres que te recuerden, que les parezcas interesante y que comprendan tu mensaje: háblales desde el corazón.

Para hablar bien en público, lo esencial es la naturalidad, la humildad y hablar desde el corazón.

MÓNICA PÉREZ DE LAS HERAS (Escuela Europea de Oratoria)

---

3) <u>¿Realmente pasa algo si te equivocas?</u>: en muchas ocasiones, el miedo nos paraliza. Por miedo a equivocarnos, a que nuestra idea no sea bien acogida y a que el uso de nuevas tecnologías en nuestro discurso sea criticado, simplemente, dejamos de hacerlo.

En cierto modo, preferimos ser mediocres y ofrecer una conferencia dentro de los cánones establecidos como "normales" a atrevernos a hacer algo distinto.

Yo, que soy una persona que antes de realizar cambios importantes en mi vida valoro si la peor consecuencia posible puedo asumirla −y si no puedo, decidir en base a ese conocimiento−, me he dado cuenta de algunos detalles en torno a este tema:

a) *Hay tres tipos de personas*: las que saltan y se atreven (aunque se equivoquen), las que saltan con un resorte externo, y las que no se atreven a innovar en su vida profesional. Creo que cada tipo de persona aporta un valor diferente a la sociedad como tal, pero que quienes tienen ese "gen de cambio e innovación" tienen que perseguir ese "hacer las cosas de otro modo" para que el engranaje continúe avanzando.

"No se puede atravesar el mar simplemente mirando el agua". TAGORE

---

b) *Si te equivocas pero te has atrevido a cambiar algo, no sientes que hayas fracasado.* La sensación ante un error por innovación y atrevimiento no genera sentimiento de fracaso. Genera satisfacción por haberlo hecho aunque el resultado haya sido negativo. Sin embargo, si una comunicación tiene un resultado positivo pero querías haber hecho algo que no has realizado por miedo, no sentirás una satisfacción plena.

c) *Nadie es tan importante como para que su error se recuerde el resto de sus días.* Si te equivocas, no pasa tanto. Es cierto que ahora con las nuevas tecnologías tu error será recordado durante más tiempo, pero, aún así, "sigue sin pasar tanto". Aunque digan que estamos ante una sociedad que no perdona el fracaso y el error, al final, la sociedad la componemos todos los habitantes que formamos parte de ella y si no nos amedrentamos ante el miedo ni juzgamos al resto simplemente por haberlo intentado, podremos ver con mayor frecuencia acciones creativas y espectaculares o acciones desastres que podrían haberse mejorado. Pero, en cualquier caso, habremos dejado de ver acciones mediocres que nos resultan indiferentes.

"Es preferible a veces bueno y a veces malo, que siempre regular". *ANXO PÉREZ (Los 88 peldaños del éxito)*

---

d) *¿Para qué quieres un potencial de crecimiento si el miedo al fracaso va a impedir que crezcas?:* si innovas, serás diferente. Por ello serás criticado o alabado según el caso, pero, en cualquier caso, estarás aprovechando tu potencial y crecerás cada vez que decidas: "voy a hacer las cosas de otra forma".

4) <u>Primero sentir para después emocionar:</u> el cuarto consejo para el control de tu voz reside en la capacidad de emocionar. La magia de las palabras y de la voz es precisamente la de hacer sentir a un auditorio una emoción interna del emisor. Esto nos lleva, inexorablemente, a una conclusión: para transmitir una emoción, tienes que ser capaz de sentirla o de haberla sentido en algún momento de la vida.

¿Los ponentes transmiten emociones conscientemente?
- Entusiasmo por su proyecto.
- Credibilidad ante una idea.
- Interés o desinterés por teorías que estén explicando.
- Satisfacción de ver a un auditorio entregado.

Cuando hablamos de emociones transmitidas conscientemente lo hacemos del control de las emociones que sentimos y de la elección de éstas en función de nuestro objetivo.

5) <u>La batuta de tu tiempo la tiene quien te escucha:</u> aunque intentes adaptar la velocidad a la que hablas en función de la edad de quién te escucha o de otras cualidades que pueden condicionar el entendimiento del mensaje, lo cierto es que será tu auditorio el que marcará de manera dinámica y sin una planificación establecida el rumbo de tu conferencia.

Tienes que estar preparado para cambiar la velocidad e intensidad de tu discurso en función de la interacción de tu auditorio. Para poder identificar estas sensaciones tienes que estar abierto a ellas, es decir, tanto si la conferencia es online, como si se produce en una auditorio clásico o si se desarrolla en una sala interactiva con miles de estímulos externos, tienes que ser capaz de adaptar tu discurso y uso de la voz a la situación cambiante con la que te encuentres.

¡Momento relax! Cortometraje (3' 29'') "Para Sonia"

Página con scroll, 2º vídeo.

---

6. Omnicanalidad:

Y, por último, para que un discurso sea Neotelling es imprescindible que sea omnicanal. Entendiendo como "Omnicanalidad" la integración real de dos mundos hasta ahora enfrentados en una lucha, en mi opinión, carente de sentido por ver quién era más importante que quién: se trata del mundo online y del mundo offline.

Actualmente, esta cualidad hace referencia a la versatilidad de dispositivos que utiliza el usuario a lo largo del día. Cada impacto (sea éste offline, online u omnicanal) contribuye a una decisión final de "compra/no compra", "acción/no acción"... Los usuarios decidirán comprar cuándo, cómo y dónde mejor les venga y cualquier empresa tiene que estar preparada para ello.

La omnicanalidad no es sólo una estrategia, es un estado mental.

En un discurso, necesitamos esta omnicanalidad no sólo a la hora de realizar la ponencia en sí, también es esencial en la fase previa de difusión del evento y en la fase posterior, ya que un discurso Neotelling vive más allá del fin de nuestras palabras.

1) **Fase previa – difusión discurso:** la comunicación de un discurso que integrará elementos tecnológicos ha de ser distinta de otra ponencia cualquiera. Un discurso Neotelling se diferenciará del resto por una esencia y actitud que impregnará cualquier comunicación que se desarrolle en torno a ésta.

Por tanto, la forma de dar a conocer este evento no puede ser la misma que la utilizada para los discursos tradicionales. Muchas veces nuestra ponencia estará incluida en un evento común en el que lógicamente no puede ser difundida de una forma distinta. Pero esto no impide que nosotros como protagonistas de este discurso Neotelling aportemos un plus en la difusión que hagamos de manera personal.

Con todo ello, no estamos hablando de que todos los discursos los difundamos con *teaser* con realidad aumentada, a través de miles de códigos QR o con acciones de omnicanalidad ultra originales y tecnológicas... La clave estará en aprovechar al máximo los recursos disponibles y poner nuestra creatividad tecnológica al servicio de esta difusión.

Por ejemplo, este libro podía no contener recursos audiovisuales por no poder implementarlos o podría ser todo lo contrario: tener códigos transparentes clic2c, juegos de realidad aumentada o micropantallas insertadas en algunas hojas para proyectar algún ejemplo audiovisual...

El coste de la tecnología no te impide hacer un discurso Neotelling, existen muchas alternativas efectivas que una mente Neotelling sí será capaz de encontrar aún sin contar con grandes presupuestos.

En función del objetivo del discurso que vayamos a realizar, del presupuesto del que dispongamos y del tiempo de realización que tengamos, así serán las ideas que podamos plantear y ejecutar en la difusión de un discurso Neotelling.

2) **Momento clímax – la ponencia:** durante nuestro discurso es imprescindible integrar en él las nuevas tecnologías. "Integrar las nuevas tecnologías" es un concepto que a veces nos puede parecer abstracto, es por este motivo por el que a lo largo del libro te estás encontrando con ejemplos prácticos sobre dicha integración, con el fin de que puedas materializar y poner nombre a esta inclusión.

La omnicanalidad en el discurso hace referencia a la integración de elementos online y offline con el fin de construir un mensaje más completo para todos los usuarios. Se trata de un clarificador de mensajes, independientemente de si el usuario presencia la ponencia presencialmente o a través de streaming.

En el caso del discurso, en la "compra/no compra" estamos jugándonos nuestra propia marca. No hablamos de productos, sino de personas: los usuarios pueden hablar de nosotros cuándo, dónde y cómo quieran, a través de diferentes plataformas y en distintos tiempos.

Ejemplos de omnicanalidad en un discurso

- Se deberán tener en cuenta las medidas de las pantallas en las que proyectaremos nuestras presentaciones, carteles o piezas gráficas. En un evento, por ejemplo, podemos encontrarnos con varias pantallas que conforman una única pantalla. En este caso deberemos conocerlas para que ninguna palabra aparezca compartiendo pantallas o que la legibilidad de nuestra presentación sea escasa por motivos como éste.

- ¿Qué tipo de espectadores tenemos? ¿Son todos físicos? ¿Se retransmite el evento por streaming? ¿Se podría grabar y publicar en Internet consiguiendo nuevos usuarios online en el futuro? Estas preguntas también determinarán el formato del discurso ya que necesitamos hacer alusiones no sólo a quien nos ve "aquí y ahora", también tenemos que hacer guiños a los que nos ven a través de pantallas y a los que visionarán nuestro discurso en un futuro.

- Actividades offline que tengan una adaptación online o acciones online con un reflejo durante nuestro discurso.

- También se pueden ofrecer determinados datos para que la integración off-on sea más fluida. Entre otros, podemos ofrecer un #hashtag siempre visible para seguir el evento o un acceso directo a perfiles sociales. Por ejemplo, podemos animar a los espectadores a que nos sigan en RRSS en ese momento con códigos QR en nuestras diapositivas que les enlacen a éstas.

- Con la inclusión de nuevas tecnologías en las vidas de nuestros espectadores, la aparición de nuevas posibilidades en las redes sociales o, incluso, nuevas comunidades, podremos generar nuevas ideas de integración de éstas en nuestro discurso. Siempre bajo un objetivo clave: que nuestro mensaje llegue de la forma más eficaz posible y que sea recordado durante un intervalo de tiempo mayor.

- Por último, destaco un par de aspectos cada vez más importantes en la organización de eventos que buscan una alta conectividad.

  o WiFi: ofrecer de manera sencilla y siempre visible los datos de usuario y contraseña de una red gratuita de WiFi. ¿Cómo vamos a pedirle a nuestros espectadores que "consuman" sus datos para mejorar nuestra marca? Mejor regalarles una experiencia de conexión gratuita.

o Enchufes: se trata de elementos que conforman el espacio, pero son esenciales si queremos interactuar con la tecnología de nuestros espectadores. De este modo, en aquellos espacios que dispongan de un número bajo de enchufes, se deberá aumentar este número con "multiplicadores de enchufes" o alargadores. Y los espacios nuevos, se deberán construir con las nuevas necesidades, no sólo de pantallas, sino de conectividad y batería.

o Cobertura: puede parecer algo superfluo a la hora de ofrecer un discurso. Sin embargo, si tu auditorio no tiene cobertura, ni tú les provees de WiFi, olvídate de que el encuentro tenga una repercusión online y una vida más allá de tus palabras.

Además de esto, de que tu discurso no tenga un recorrido online, es que sin cobertura es probable que tu mensaje ni siquiera llegue a esos espectadores. Actualmente, cuando un usuario se encuentra sin cobertura en sus dispositivos móviles, su atención disminuye automáticamente y será más difícil que reciban tu mensaje, que lo interioricen y, por tanto, que lo recuerden.

De hecho, la cobertura y conectividad no sólo son características importantes para los espectadores, también para los ponentes, ya que los discursos serán mucho más pobres sin contenido multimedia y sin acceso a la red que con ella. Siempre, por supuesto, controlando la oratoria, ya que ésta es la base de toda comunicación como estamos viendo a lo largo del libro.

3) Fase posterior – larga vida a nuestro discurso: ¿cómo podemos beneficiarnos de la omnicanalidad para que nuestro discurso tenga una vida más allá de nuestra exposición pública?

- El discurso puede ser, además de ofrecido por streaming, grabado y subido a perfiles sociales para aumentar su difusión.
- También podemos hacer pequeños concursos online sobre nuestra ponencia, por ejemplo, tests breves de ideas explicadas durante el discurso.
- O utilizar esta integración on-off para resolver online enigmas planteados durante el discurso.

Con estas acciones y otras que se nos ocurran en base al objetivo que persigamos, no sólo conseguimos aumentar el tráfico a nuestra web, también será mayor la interacción del usuario y, con ello, las posibilidades de que nos recuerde más allá de un par de horas de conferencia.

Además, al tratarse de distintos impactos en diferentes canales, la familiaridad que el usuario tiene hacia nuestra marca aumenta (sea ésta personal o profesional). Un usuario recordará mejor tu nombre si te ha escuchado en una conferencia, ha interactuado en ella, te ha visto posteriormente en tu web y, además, puede volver a ver tu ponencia y compartirla en RRSS en cualquier momento.

En términos prácticos, la omnicanalidad se traduce en...

Telepizza: Click & Pizza

Adolfo Domínguez

Acustom Apparel: trajes a medida

Miss Selfridge: Magic Mirror

En una comunicación Neotelling, la agilidad de respuesta es vital para el éxito de ésta. Con agilidad, no sólo me refiero a una respuesta rápida, sino, y más aún, a una respuesta eficaz, una contestación (verbal y no verbal) que se adapte de manera rápida a cada situación que el emisor se encuentre.

Al final, cuando hablamos de comunicación Neotelling, lo hacemos de la esencia de la comunicación que siempre ha buscado una bidireccionalidad. Ésta, la comunicación real, es la que hay que ligar a las nuevas tecnologías.

Antes de finalizar este capítulo con la estructura básica de un discurso Neotelling y con algunos de los errores que se cometen cuando intentamos integrar las nuevas tecnologías en el discurso, he rescatado el siguiente spot que fomenta Perú como marca.

A través de una fachada tecnológica que siempre se ha repetido en las películas que se han puesto en la piel de los futuros habitantes del mundo, pretenden llegar al público a través de un mensaje emotivo y sencillo que evoca la reflexión ante el ritmo de vida actual.

Spot que potencia la marca Perú:
impacto tecnológico, emotivo y reflexivo.

Curiosamente, cuando se intenta planificar una escena del futuro, los puntos de cohesión son siempre los mismos: una puesta en escena completamente tecnológica con elementos innovadores, superficies táctiles y proyecciones sobre la nada... Sin embargo, nunca cambian, en dicha escena, elementos que sin duda alguna se modificarían de integrarse como algo habitual en la comunicación de las personas dicha infraestructura tecnológica.

Por ejemplo...

- ¿Por qué los personajes de esas escenas continúan hablando igual?
- En un mundo tan tecnológico, ¿no cambiaría el uso del espacio?
- ¿Acaso no gesticularíamos de forma distinta?
- Y respecto al uso de la voz... ¿la velocidad a la que hablamos no sería distinta? ¿No se alteraría el tono de nuestra voz y la proyección de ésta en función de a quién nos dirijamos y que tecnología estemos usando?

No podemos proyectar algo que no somos capaces de imaginar. No podemos imaginar un cambio en algo que no valoramos como importante en la escena. El paso previo para hacer discursos Neotelling parte de una percepción de valor en cada uno de los elementos que constituyen la comunicación. Sólo en ese momento, estaremos ante una actitud Neotelling con la que podremos realizar discursos Neotelling sinceros y creíbles.

Algunos errores en los discursos con tecnología

1) No me lo creo, pero lo hago porque está de moda.

2) Hago unas referencias puntuales a los elementos tecnológicos que componen la sala y después de ellas continúo con mi "conferencia de siempre".

No se trata de distribuir partes habladas y mostradas en un Power Point. Un discurso Neotelling es mucho más, supone una integración real entre el paralenguaje y el contenido explicado a través de la voz y los gestos con las nuevas tecnologías. No es una adaptación, es una elección y una forma distinta de enfrentarse a un discurso.

3) No tener en cuenta la importancia de otros factores externos al contenido como la comunicación no verbal o la programación neurolingüística.

4) Obsesión por seguir rigurosamente patrones establecidos por modelos psicológicos, comunicativos o de PNL[8]. La pasión y la determinación con la que tú cuentas algo en una conferencia son factores esenciales para obtener una comunicación exitosa. De otro modo, serás un robot con un discurso perfecto, en el que has integrado adecuadamente las nuevas tecnologías y has aplicado todos los valores que debías, pero te faltará algo esencial para ser creíble: el alma.

El proceso de aprendizaje de un portavoz Neotelling requiere de una gran dosis de confianza en uno mismo, en su intuición y en la pasión de creer en algo. Cuando algo se siente, se transmitirá del mismo modo al auditorio.

Solo se recuerda lo que se siente. DAVID BRIERLY

---

[8] Referencia online para ampliar la definición de la PNL: https://goo.gl/1HzR4R

5. Persuasión adaptada a Neotelling

La magia no está en el truco, ni siquiera en el mago, sino en la mirada de un espectador ilusionado
(Jorge Blass, Mago)

"Tienes que ser persuasivo". Probablemente no sea la primera vez que escuchas o lees una frase similar a la anterior, sin embargo, ¿qué es realmente la persuasión?

Según diferentes diccionarios[9], se puede concluir que la persuasión es la capacidad o habilidad para convencer a una persona sobre un determinado tema a través de argumentos racionales y también emocionales.

Ante esta definición parece lógico plantearse la siguiente pregunta: ¿esta capacidad es innata o adquirida? ¿Se puede aprender a ser persuasivo?

El psicólogo estadounidense Robert Cialdini resumió en 1984 este concepto en 6 fundamentos y los explica en su libro: "Influence: The Psychology of Persuasion"[10]. Estos principios serían:

1) Reciprocidad: las personas tratan a los demás según son tratados, por lo que si un orador aporta un valor extra en su ponencia, su poder de influencia aumentará y su auditorio le responderá también con un esfuerzo extra de interacción.

---

[9] Se han consultado diferentes diccionarios con distinta autoridad como son el Diccionario Real Academia de la Lengua, Google Diccionario o Wikipedia (Premio Princesa de Asturias de Cooperación Internacional 2015).
[10] "Influence: The Psychology of Persuasion". Robert Cialdini. 1984. Referencia online: http://goo.gl/WGYgSV

2) Escasez: estamos más dispuestos a acercarnos a aquello que sea escaso o difícil de conseguir. Por este motivo, si el orador consigue transmitir algo único o escaso en su discurso, captará la atención del público. Ante este hecho, las nuevas tecnologías brindan un sinfín de oportunidades para transmitir esa sensación de diferencia y escasez.

Este principio es el responsable de que triunfen en marketing las ofertas por tiempo limitado, los cursos con plazas limitadas, las aplicaciones tipo Snapchat[11] en las que la exclusividad es máxima cuando se une una "cuenta atrás" hasta la destrucción del material enviado.

3) Autoridad: para un orador, su autoridad y credibilidad lo es todo. Además de tener la suficiente experiencia y conocimientos sobre un tema, tiene que resultar creíble al contarlo. Sin lo segundo, lo primero carece de valor.

Si tu auditorio no te cree, no importa la veracidad de tus palabras.

---

4) Compromiso y coherencia: nuestra experiencia avala lo que decimos, por tanto, podemos recurrir a la tecnología para ilustrar a modo de ejemplos visuales y livianos (para tampoco despistar a nuestro auditorio del mensaje principal) aquello que refuerce nuestra experiencia o compromiso sobre lo que estamos hablando.

---

[11] Red social que se caracteriza por el envío de contenido multimedia disponible por un periodo limitado desde su visualización.

5) Prueba Social o consenso: este principio es similar y recuerda, en gran parte, a la Espiral del Silencio de Elisabeth Noëlle-Neumann. Ambos defienden que muchas veces la credibilidad de un orador depende del apoyo de la mayoría.

Como mecanismo psicológico, tendemos a acomodarnos a la opinión mayoritaria y estaremos más dispuestos a aceptar algo si previamente el resto también lo ha apoyado.

Las nuevas tecnologías permiten refrendar nuestro discurso y cada vez en más conferencias se utilizan herramientas de visualización de tweets o interacciones sociales a tiempo real.

6) Simpatía: por último, un principio que parece lógico al hablar de persuasión, estamos más predispuestos a dejarnos influir por personas que nos resultan agradables.

La simpatía no se encontraría, necesariamente, ligada a la belleza. Se trata de un valor distinto vinculado más a la cercanía, al afecto y a acciones que humanizan al orador.

Paradójicamente, el error, algo que consideramos como negativo, normalmente genera que el auditorio sienta simpatía por quien ha cometido ese error. Como es lógico, esta empatía se generará siempre y cuando el speaker se comporte de una forma natural y espontánea.

Un error humaniza al orador. El espectador se pone en sus zapatos y se siente identificado con él.

Como complemento a los ítems de Robert Cialdini, es interesante recordar, a modo de cita, un concepto clave en la persuasión: "La claridad supera a la persuasión". Flint McGlaughlin, director de Meclabs, es el autor de esta idea y es que lo cierto es que para que los anteriores fundamentos funcionen, necesitamos que los mensajes transmitidos sean lo más claros posibles. Será ésta la cualidad que permita que el espectador esté abierto a otro tipo de sensaciones como las anteriormente descritas.

Sin un mensaje claro, no conseguiremos transmitir ni idea de escasez, ni simpatía, ni empatía... Si no somos claros, si nuestros espectadores no nos entienden, ¿cómo vamos a conseguir persuadirles? Si nuestro mensaje no llega, ¿cómo lo van a interiorizar? Si no lo interiorizan ni entienden, ¿cómo van a compartirlo?

¿Cómo se persuade en un discurso Neotelling?

Los avances tecnológicos condicionan la persuasión en dos aspectos: por una parte antes de elaborar un discurso y, por otra, cuando estamos realizando el discurso en sí.

1) Programación neurolingüística[12]: la tecnología permite conocer a quien nos escucha de una manera muy interesante a la hora de desarrollar un discurso Neotelling.

A través de nuevas herramientas como la programación neurolingüística (PNL), somos capaces de entender mejor el funcionamiento del cerebro humano y nos podemos anticipar a las respuestas de éste.

La programación neurolingüística o PNL es una estrategia de comunicación, desarrollo personal y psicoterapia estudiada por Richar Bandler y John Grinder. Fueron estos dos estadounidenses los que crearon en 1970 dicho término, sosteniendo que existía una conexión entre los procesos neurológicos, el lenguaje y los

---

[12] Web que engloba diferentes técnicas y recursos de la PNL: http://goo.gl/yvd5h8

patrones de comportamiento adquiridos a través de la experiencia. De esta combinación de elementos surge la programación neurolingüística.

Al conocer más a nuestro auditorio, nuestra persuasión y eficacia al llegar a ellos aumenta.

De todos los axiomas de esta ciencia subrayo cinco que me parecen esenciales para convencer con nuevas tecnologías en concreto y para tenerlos siempre presentes:

1) **El mapa no es el territorio:** tu realidad y experiencias condicionan la visión que tienes de cada acontecimiento. Como todos no tenemos las mismas experiencias, debemos entender que "nuestra realidad" no siempre se corresponde con "la realidad" y menos con "la realidad del resto". Esto nos ayudará a no juzgar a las personas, y teniendo en cuenta que normalmente cuando ofrecemos un discurso estamos ante una multitud de personas, este axioma cobra una interesante importancia.

2) **No puedo no comunicar:** este axioma recuerda a uno de los axiomas que el psicólogo Paul Watzlawick utilizó para desarrollar su teoría sobre la comunicación humana. Éste también defendía que era imposible la no comunicación y que cualquier comportamiento era una forma de comunicación.

3) **El resultado de tu comunicación es la respuesta que obtienes.**

4) **Estamos dotados de recursos.** Algo que parece lógico y obvio y que, sin embargo, no siempre recordamos. Ante un discurso tenemos una multitud de recursos con los que enriquecer nuestras palabras.

5) **Sistema VAC:** éste hace referencia a la toma de conciencia de nuestros sentidos a la hora de hablar. Cada persona otorga un valor distinto a cada uno de los sentidos y tenemos que ser conscientes de ellos para ofrecer un mensaje diferente a cada tipo de persona. En nuestro auditorio habrá personas más visuales, otras más auditivas, otras más kinestésicas y otras que sean un mix de alguna de las cualidades anteriores. Conociendo cómo es cada grupo de personas, podremos realizar un discurso más completo en cuanto a estímulos sensoriales se refiere.

	Auditivas	Kinestésicas	Visuales
¿Cómo perciben la vida?	Piensan en texto, en sonido	Piensan en sensaciones	Piensan en imágenes
¿Cómo hablan?	Ritmo medio, respiración diafragmática	Despacio y con un volumen bajo	Rápido y con un volumen alto.
Sus expresiones y palabras	¿Te suena? Oír, escuchar, preguntar, sonar ruidoso, sordo, silencioso, voz, eco, volumen, zumbido, fuerte.	¿Lo sientes? Tocar, acariciar, sostener, agarrar, abrazar, textura, sensación, masaje, pesado, incómodo.	¿Te lo imaginas? Ver, visualizar, buscar, imagen, ilustrar, observar, percibir, notar, visión, perspectiva.
Curiosidades	Personas clarificadoras: hacen muchas preguntas y hablan para solucionar un problema. Le importa más el tono de una conversación que el contenido. Prefieren hablar por teléfono que cara a cara. En un cara a cara, adoptan una postura física de "hablar por teléfono".	Aprenden haciendo, por lo que tienen dificultades con los métodos de aprendizaje clásicos. Les gusta tocar los objetos y a las personas.	Son capaces de asimilar mucha información. Buenas para la planificación a largo plazo. Recuerdan mejor caras que nombres.

Un orador necesita hablar los tres idiomas en sus conferencias y para ello, las nuevas tecnologías son de gran ayuda. Si se utilizan correctamente, se pueden lanzar diferentes estímulos simultáneos hacia estos tres tipos de personas, llegando de una forma más eficaz a cada uno de ellos.

Ejemplos del uso de la tecnología a favor del sistema VAC

- Imágenes proyectadas en las pantallas de la sala para reforzar el contenido explicado verbalmente.
- Como las personas kinestésicas necesitan tocar, podemos recurrir a pantallas táctiles para su integración e involucración.
- Podemos alternar las llamadas de atención que hagamos a lo largo del discurso con los tres tipos de personas. Así, intercalaremos "calls to action" auditivos, kinestésicos y visuales. De este modo, cada vez estaremos captando la atención perdida de un grupo de espectadores.

Por supuesto, con un buen uso de la palabra -algo esencial en un discurso Neotelling- podemos llegar a los tres tipos de personas en algún momento del discurso:

a) A las personas auditivas con el sonido de nuestras palabras.

b) A los espectadores más kinestésicos podemos transmitirle una sensación a través del control de nuestra voz y una adjetivación más sensorial de lo descrito.

c) Y para las personas visuales podemos crear una imagen mental detallando un ejemplo o metáfora de lo expuesto.

Esta tipología no sólo se atribuye a las personas que te escucharán, también es útil a la hora de distinguir partes en tu discurso. Es decir, cuando explicamos algo, tenemos que pensar qué es lo que queremos transmitir, ya que en función de nuestro objetivo, así será nuestra modulación de la voz:

- Los chistes y las anécdotas las contamos en visual: alto y rápido.
- Las historias de reflexión las explicamos en kinestésico: de una manera pausada y con un tono más grave. Lo hacemos de una forma más sosegada con el fin de que nuestro mensaje llegue.

El sistema VAC, al tratarse de la toma de conciencia de los sentidos, también hace hincapié, aunque en menor medida y solamente como un interesante complemento a lo anterior, en el sistema de representación olfativa y gustativa.

El uso más interesante de estos dos sentidos sería el de "anclaje" de una vivencia. Cuando olemos o degustamos algo, lo tomamos como una experiencia vivida y, si algo se vive, se recordará con mayor intensidad.

En nuestros discursos tenemos que encontrar la manera de utilizar como anclaje estos dos sentidos. Será positivo recurrir a ellos cuando tengan cabida en nuestro discurso de una forma natural. Es importante destacar la naturalidad y fluidez con la que debemos utilizar estas técnicas, ya que si lo hacemos de una manera forzada, romperemos la armonía y fluidez del discurso, descolocando al auditorio en vez de cautivarle y seducirle.

"Nuestro cerebro es un órgano construido para modificarse en respuesta a las experiencias". RICHARD DAVIDSON

Otra de las enseñanzas que nos deja la programación neurolingüística es que el cerebro piensa en positivo. El cerebro no diferencia entre una oración negativa y otra positiva cuando se trata de crear una escena mental. Por tanto, ante la mítica orden de: "No pienses en un elefante rojo", casi todos acabamos imaginando un elefante rojo.

¿Te interesa la programación neurolingüística?

Interesante conferencia de la Escuela Europea de Oratoria de Madrid

Además de estas técnicas, en los discursos –como en la vida– también cobra especial importancia la **inteligencia emocional**, un concepto bastante complejo que en este libro solamente se mencionará sin una profundidad mayor.

Cuando hablamos de inteligencia emocional lo hacemos, tal y como Daniel Goleman explica en sus libros, de la capacidad para entender nuestras emociones y también las de los demás. Consiste en comprender nuestros sentimientos y controlar nuestros impulsos, ser capaces de razonar y permanecer tranquilos y optimistas en situaciones adversas o de estrés.

Controlar estas emociones en un discurso será crucial para dirigirnos de manera correcta a nuestro público. Necesitamos entender cómo se sienten y saber cómo adaptar nuestro discurso en función de estas percepciones.

2) Tecnología en nuestro propio discurso: por otro lado y como se ha podido apreciar a lo largo del libro, las nuevas tecnologías también influyen en el desarrollo del propio discurso. Se tienen que tener en cuenta tanto en el uso que el ponente realiza de ellas, como la utilización de los espectadores de las mismas, ya que éstos también recurrirán a ellas con sus móviles, tabletas, ordenadores, wearable technology, IoT...

A estas alturas me parece esencial destacar un matiz de preposición en el uso de la tecnología. Cuando ofrecemos un discurso con un Power Point, con pantallas táctiles o con cualquier tipo de tecnología, lo hacemos para comunicar nuestro mensaje reforzándolo con dicha tecnología. Mostrar nuestro mensaje completo en la tecnología elegida no supone "comunicar con tecnología".

Cuando comunicas "con" tecnología, el todo de la comunicación se compone de las diferentes partes que intervienen en el discurso: tu voz, una imagen en la que te apoyas, un juego para llamar la atención...

Cuando no comunicas "con" tecnología, el todo de la comunicación reside en la tecnología utilizada. El ejemplo que mejor muestra esta diferencia es el uso de un Power Point. Cuando no comunicas "con" un Power Point, toda la información residirá en esta herramienta y nuestro valor añadido en la ponencia se podría reducir de manera errónea a leer y reproducir textualmente lo allí escrito.

"Complementar supone aportar un valor añadido, no significa repetir el mismo contenido en diferentes formatos"

El arte de comunicar con tecnología parte del concepto de "complemento" y la comprensión de éste significará el uso más efectivo de la tecnología en nuestros discursos.

Según el Diccionario de la Real Academia Española, un complemento es *una cosa, cualidad o circunstancia que se añade a otra para hacerla íntegra o perfecta.* Por tanto, ese complemento se añade a "algo", que será la parte principal en esa combinación.

Que un discurso se enriquezca con las nuevas tecnologías y que éstas sirvan como complemento de éste significa, tal y como describe la definición misma del término, que las nuevas tecnologías aportan un valor extra al punto fuerte de la comunicación. En un discurso, siempre será la voz.

Las nuevas tecnologías en un discurso, por tanto, no deberán convertirse en el fin de la comunicación, sino en el medio para que ésta se genere (como en el caso de las videoconferencias). O también como medio para conseguir un mensaje más atractivo (en cualquier discurso ante un auditorio físico).

A la hora de persuadir utilizando nuevas tecnologías, tenemos que tener en cuenta la credibilidad que cada plataforma tiene para nuestro auditorio, ya que en función de ésta utilizaremos cada plataforma para transmitir un tipo de mensaje u otro.

En muchas ocasiones, lo nuevo va unido a la desconfianza e incertidumbre, precisamente, por ese carácter de desconocimiento. Las nuevas tecnologías tienen un fuerte componente de novedad constante, por lo que, involuntariamente, nuestros mensajes en determinadas plataformas tecnológicas pueden ir acompañados de una credibilidad menor.

Por tanto, es bueno que los mensajes que transmitamos a través de este tipo de plataformas sean lo más objetivos y visuales posibles. Funcionarán muy bien los gráficos que muestren datos, los tweets a tiempo real...

Por otro lado, un dato positivo que arrojan estudios como el realizado por IAB sobre la Comunicación Online[13], reside en la credibilidad que para el usuario tienen los medios online. Frente a los medios tradicionales que han perdido para el usuario la credibilidad y utilidad de la información conseguida, cualquier contenido publicado en Internet y en pantallas digitales tiene un alto valor para ellos.

Pese a ello, no debemos olvidar que este estudio se refiere a información obtenida en la red, y aunque se pueda extrapolar a información ofrecida por un ponente en pantallas digitales o contenido directamente online, la alta credibilidad mostrada en el estudio probablemente descienda en un pequeño porcentaje.

Una de las principales conclusiones de este estudio (enero 2015) es que los medios de comunicación online son los soportes digitales más creíbles y en los que mayor atención se presta a la publicidad. También nos revela que los dispositivos mobile (smartphone y tablet) son "dispositivos de relevancia" cuando los usuarios navegan por medios de comunicación online.

Todo ello lo tendremos que tener en cuenta a la hora de elaborar nuestro discurso: buscar fuentes bibliográficas y elegir unos medios u otros para clarificar nuestros mensajes en nuestra conferencia.

Si persuadir es convencer y esta acción depende de la credibilidad del orador: tendremos que dominar el arte de la oratoria para controlar el "cómo". Y, por otro lado, deberemos conocer el grado de credibilidad que tienen determinadas plataformas para nuestro receptor, con el fin de conseguir esta persuasión a través de argumentos y fuentes creíbles para quien nos escucha.

---

[13] II Estudio de Medios de Comunicación Online. IAB. 2015. Referencia online: http://goo.gl/sB6Y6N

Hace 10 años: "Nuestro receptor de hoy, es nuestro receptor de hoy". (Comunicación unidireccional)

Hace 5 años: "Nuestro receptor de hoy, será nuestro emisor mañana".
(Comunicación bidireccional y divulgativa)

Ahora: "Nuestro receptor es, ya mismo, emisor de impresiones y opiniones, no de nuestro conocimiento".
(Comunicación omnicanal)

#Neotelling

Black Mirror es una serie de televisión británica creada por Charlie Brooker que muestra el "espejo negro", el lado oscuro, de la vida y la tecnología.

Cada episodio es independiente del anterior y tiene un tono, entorno y realidad diferente. Aunque personalmente te recomiendo que veas todos los capítulos de esta serie, destaco en este punto el primero de ellos, titulado "The National Anthem" (El Himno Nacional).

En este capítulo se percibe de una manera muy interesante en términos sociológicos tanto la persuasión -en este caso "persuasión de masas"- como la presión social ejercida a través de las nuevas tecnologías.

6. Neotelling en grados

Este capítulo está dedicado a los diferentes grados que una persona puede alcanzar en cuanto a comprensión Neotelling se refiere. Quien mueve el cambio hacia un discurso Neotelling efectivo es la actitud de quien lo realiza y aunque creo firmemente que la actitud y la pasión por algo pueden romper cualquier barrera socio-demográfica, sí es cierto que variables como la edad condicionan, en cierto modo, el alcance y desarrollo de dicha tecnología.

Pese a ello e independientemente del año de nacimiento de un emisor, éste puede pertenecer o no a la *generación C[14] o generación conectada* en función de su espíritu tecnológico. Según las ganas por saber qué ocurre en un mundo en el que gran parte de la generación C no mira con ojos nativos digitales, así será la adaptación a esas nuevas tecnologías. Actualmente, la publicidad actual –tanto la offline como la online- sumerge a generaciones ajenas a las nuevas tecnologías en una constante pregunta: ¿por qué no usarlos?

Cuando hablamos de los grados de un discurso Neotelling, lo hacemos siempre refiriéndonos al emisor, ya que será éste quien determine el tipo de discurso que realizará y las nuevas tecnologías que incluirá en sus discursos. Lógicamente, este emisor se encontrará con espectadores más abiertos al uso de las

---

[14] Una de las primeras páginas indexadas por Google con el término "Generación C" data de 2006: http://www.joando.com/2006/11/generacion-c.html

nuevas tecnologías y otros menos dispuestos, pero, en cualquier caso, será él quien decida cómo dirigirse a su público.

Al fin y al cabo, cuando un orador prepara su discurso, tendrá que adaptar sus acciones, ejemplos, metáforas y conocimiento al público que le escuchará y al aula en la que realizará su intervención. Esta adaptación corresponde a la esencia de la comunicación, ya que es imprescindible que quien nos escuche, nos entienda.

Por ello, el grado de Neotelling de nuestro discurso no dependerá del receptor, independientemente de su conocimiento de las nuevas tecnologías, sino de cómo el emisor decide integrar las nuevas tecnologías en su discurso.

Pese a lo que en principio se pueda creer, es perfectamente posible llegar, a través de las nuevas tecnologías, a un público ajeno a éstas. Para ello, solamente tenemos que adaptar nuestro mensaje y el uso que hacemos de estas nuevas tecnologías de una forma más sencilla.

Al finalizar este capítulo se dedica un espacio a las acciones que podemos llevar a cabo para hacer un discurso Neotelling efectivo adaptado a personas con una baja relación con las nuevas tecnologías.

Grados de un discurso Neotelling

El uso de la tecnología modifica nuestro cerebro. Aunque no todos los estudios llegan a las mismas conclusiones acerca de qué cambios se generan en nuestro cerebro por el uso continuado de la tecnología, el nexo en común de todos ellos es, precisamente, el acuerdo unánime en dicha sentencia.

- **Desarrollo de una capacidad multitarea:** nuestro espectador estará conectado y haciendo varias tareas a la vez que nos escucha. Nuestra voz y nuestro discurso compite en atención con el resto de actividades que está desarrollando.

Aunque *a priori* esta capacidad presenta beneficios positivos obvios, según algunos estudios, influye en el proceso de aprendizaje de manera negativa[15]. Al obtener una gran cantidad de información de manera rápida y desordenada, también se genera un mayor grado de estrés a nivel del sistema nervioso central.

Por otro lado, según investigadores de la Universidad de Sussex (Reino Unido), las personas multidispositivo o multitarea presentan una menor densidad de materia gris en una región particular del cerebro en comparación que normalmente no son multitarea[16]. Este hecho se puede traducir en una menor capacidad de atención.

Lo que aún no han determinado dichos estudios es si "aquellas personas que tienen una menor densidad de materia gris se sienten más atraídas por la multitarea" o "si esta multitarea genera esa menor densidad de materia gris". Una conclusión, muy importante, sin duda, a la hora de enfocar estos problemas.

- **Moldeado de la plasticidad diaria cerebral:** según una investigación publicada en la revista estadounidense Current Biology, las pantallas táctiles han logrado que las personas

---

[15] "Cómo el uso de tu smartphone está afectando tu cerebro". Lucía Yarzabal. Referencia online: http://goo.gl/jGH4M3

desarrollen nuevas habilidades con los dedos en general y, en particular, con los pulgares[17].

Cada región del cuerpo tiene un área específica en el centro emocional del cerebro y la vida cotidiana hace que cambie la manera de procesar la información procesada en este lugar.

El estudio antes mencionado reveló que la actividad eléctrica en el cerebro de los usuarios que usaban smartphones aumentaba al tocar las puntas de sus dedos pulgar, índice y medio. Además, a mayor tiempo que se utilizaban estos dispositivos, la cantidad de actividad de la corteza cerebral asociada al pulgar y al índice aumentaba en la misma proporción.

• **La dificultad de ser memorable aumenta:** el cerebro se acostumbra a no tener que recordar datos porque el usuario los tendrá al alcance de su mano en cualquier momento. Esto genera una pérdida de memoria que tendremos que tener en cuenta en nuestros discursos para ofrecer mensajes más breves y efectivos.

Además, tendremos que recurrir a experiencias que impacten en el auditorio para que ese recuerdo aumente. En relación a este tema, recuerdo la anécdota del publicista Bassat, quien, en una de sus conferencias, antes de empezar a hablar, se quitó su chaqueta, le dio un par de vueltas y la tiró. Después de ello, comenzó su discurso como si nada hubiera ocurrido y, al terminar la conferencia, dijo que

---

[16] "Cómo afecta usar móvil y ordenador a la vez al cerebro, las emociones y la conducta". EP Infosalus. 2014. Referencia online: http://goo.gl/ZY1wLi

seguramente los espectadores se olvidarían de todo lo que había dicho, pero que siempre recordarían que había tirado su chaqueta. Para Bassat, esto es lo que hace la buena publicidad. Pues bien, para que nuestro auditorio recuerde en un futuro parte de nuestra conferencia, tendremos que crear una experiencia que impacte en quien nos escucha y que pueda vincular fácilmente con el tema expuesto.

- **De 5 sentidos... ¿a dos?**: aunque la programación neurolingüística otorga valor a todos ellos, lo cierto es que nuestro auditorio estará cada vez más habituado a percibir, sobre todo, por la vista y el oído. Por tanto, aunque es positivo que nuestros discursos tengan estímulos a los cinco sentidos, tenemos que tener esta apreciación en cuenta a la hora de diferenciar "mensajes que queremos que lleguen" (visión y oído) de "mensajes con los que queremos crear otro tipo de experiencias" (gusto, tacto y olfato).

- **Cambio de paradigma: de buscar en papel a buscar en Internet:** el primer estudio que demostró el cambio en el cerebro con el uso de Internet se publicó en 2008[18]. Una de las conclusiones a las que éste llegó diferenciaba las regiones cerebrales que se activaban cuando alguien busca y lee información en la red de quien lee un libro de papel.

Al buscar información se utilizan partes del cerebro asociadas a la toma de decisión y la solución de problemas,

---

[17] "El uso del dedo pulgar en smartphones provoca cambios en la actividad cerebral". Revista estadounidense Current Biology. 2014. Referencia online: http://goo.gl/eMsjEU

mientras que al leer un libro, se activan las que están involucradas con el lenguaje.

Esta diferencia es responsable de la famosa "lectura salteada o lectura F". Esta práctica no debería afectar en exceso a nuestras conferencias ya que éstas no deberán contener presentaciones con largos textos. Aun así, podría llegar un momento en el que se hablase también de una "audición y atención salteada o en F", donde la atención disminuyese hasta escuchar solamente determinadas palabras o frases que hayan captado nuestra atención.

- **Desarrollo de habilidades espaciales y cognitivas[19]:** Según el estudio de Patricia Greenfield, el uso intensivo de la red incrementa las habilidades espaciales de los usuarios, facilitando la rotación de objetos en nuestra mente.

  También se desarrollan otras cognitivas como la visión periférica, la capacidad de filtrar rápidamente lo importante de lo accesorio ante grandes cantidades de información...

La novedad siempre está ligada a la incertidumbre y, con ella, suelen surgir defensores y detractores que con sus teorías intentan defender determinadas hipótesis para justificar sus conjeturas. Un nacimiento siempre trae el temor de una muerte, y aunque es cierto que lo nuevo suele traer cambios, éstos generan una adaptación, no una muerte como tal de lo anterior.

---

[18] "Generation M: Media in the Lives of 8-18 Year-olds". Kaiser Family Foundation. Small, G. W., Moody, T. D., Siddarth, P. y Bookheimer, S. Y. "Your Brain on Google: Patterns of cerebral activation during internet searching", American Journal of Geriatric Psychiatry, 17, no. 2, febrero de 2009): 116-126.
[19] "Technology and informal education. What in taught, what in learned". Patricia Greenfield. Science, 323, nº. 5910. 2 de enero de 2009: 69-71. Referencia online: http://goo.gl/XvMPuy

En el libro "The Shallows. What the Internet is doing to our brains", de Nicholas Carr, se recuerda cómo Platón desconfiaba de la escritura porque, para él, una persona que leía y escribía dejaba de ejercer su memoria. De la misma forma que nuestro cerebro se modificó entonces con la adopción de la lectura y la escritura, cambiará ahora con el uso de Internet.

Los hombres construimos demasiados muros y no suficientes puentes. I. NEWTON

De una forma u otra, debemos tener presentes en nuestros discursos éstos y otros cambios en el cerebro que se producirán a lo largo de las próximas décadas. Gracias a los estudios neurológicos que anualmente presentan prestigiosas universidades, podemos tener pistas de hacia dónde irán estos cambios que se consolidarán en las próximas décadas y cómo nos influirían en el desarrollo de nuestro discurso.

Los grados de discursos Neotelling que podemos diferenciar en cuanto a quien los realiza -mirando, por tanto, al emisor y al ponente- están íntimamente relacionados con el momento en el que éste ha nacido. Aunque, como se verá a continuación, el año de nacimiento condiciona, pero no determina la relación del *speaker* con la tecnología.

Como en su día dijo Santiago Ramón y Cajal, "todo hombre puede ser, si se lo propone, escultor de su propio cerebro".

a. **Neotelling Heavy Users:** nuestros actuales y futuros niños serán Neotelling Heavy Users cuando crezcan y ofrezcan discursos.

Aunque los Neotelling Heavy Users son más pequeños que la Generación Z, también ésta se puede incluir en este nivel por su sello tecnológico. Son los nacidos después de 1992 o 1995[20], están acostumbrados a las interacciones sociales mediante medios virtuales pero menos habituados a las conversaciones cara a cara.

Se trata de personas altamente conectadas que han crecido con las nuevas tecnologías como algo habitual en sus vidas. Sus principales medios de comunicación son las redes sociales y se caracterizan por ser personas impacientes que buscan resultados inmediatos. Dicen de ellos que son los "hijos de las nuevas tecnologías y de la cultura de lo inmediato".

Para ellos, cualquier soporte es susceptible de generar una interacción y creen que cualquier superficie es táctil. ¿Quién no ha visto vídeos de niños pequeños intentando agrandar una fotografía de una revista o "pasar de imagen" deslizando su dedo hacia la izquierda en esa misma revista?

"Los Neotelling Heavy Users no han visto nacer las nuevas tecnologías, han nacido con ellas"

---

[20] No existe un consenso sobre el año de inicio de esta Generación, de ahí la horquilla: desde 1992-1995 hasta la actualidad.

Como el uso de las nuevas tecnologías les es muy familiar, lo que tendrán que aprender los niños es a hablar en público y la comunicación de mensajes a través de estos soportes.

Recomendaciones para que los niños aprendan a hacer discursos Neotelling:

a) Practicar. Los niños tienen que aprender a hablar en público, además de con consejos teóricos, practicando. Al ser pequeños, tenemos que enseñarles a hablar en público a través del entretenimiento, de juegos que les obliguen a relacionarse, de talleres de debate...

Están acostumbrados a comunicarse a través de dispositivos tecnológicos, pero no a hacerlo "cara a cara", por tanto, esta práctica se convierte en algo muy importante para ellos.

b) Perder la vergüenza a hacerlo mal delante de sus compañeros. Necesitamos que los niños realicen exposiciones en clase y que no sientan temor a hacerlo mal. Para comunicar con tecnología, antes hay que saber comunicar cualquier mensaje en público a través de nuestra voz y gestos, sin ningún complemento adicional.

c) Aprender a argumentar. Además de que el saber argumentar y defender una postura es algo esencial a la hora de realizar un discurso, en los niños nos sirve con un doble objetivo:

1) Aprender a defender una postura.

2) Colocar en su cerebro una tarea distinta que le ayudará a no pensar en el miedo a hablar en público. Muchos niños concentran sus pensamientos y temor al hablar en público solamente en eso, en que no son capaces de hacerlo y desarrollar una intervención delante de sus compañeros se

convierte en una gran losa para ellos. Sin embargo, si lo que hacemos con ellos es ayudarles a defender una postura en algo que ellos creen, estarán lo suficientemente motivados como para olvidarse de sus miedos y poder hacerlo.

d) Los talleres de debate son una de las herramientas más útiles para que los niños aprendan a hablar en público:

- Porque tiene unos tiempos establecidos y para ellos estos tiempos suponen una "meta".

- Porque además de discursos preparados, aprenden a contestar preguntas, a "improvisar" ante situaciones inesperadas.

- Porque están defendiendo una causa que les mueve por dentro, lo que hace que hablen desde el corazón. Al principio conviene elegir temas con los que los niños se sientan identificados, aunque a medida que aprendan a hablar en público tendrán que aprender a defender posturas con las que en principio no estarían de acuerdo.

Algunos temas posibles:

Es positivo para el alumno el uso de móviles en clase: sí/no.

La evaluación a través de exámenes no constituye un aprendizaje para el alumno: a favor/en contra.

Música actual VS música años 80

d) Mientras aprenden a hablar en público, podemos intercambiar también nuevas posibilidades para transmitir sus mensajes a través de las nuevas tecnologías.

e) Los Neotelling Heavy Users hablan de una forma distinta y para entenderles habrá que adaptar el lenguaje a esta nueva manera de expresarse.

Conocer un medio de comunicación no significa saber cómo comunicar a través de éste. Conocer las nuevas tecnologías, por tanto, no supone saber cómo hacer llegar un mensaje a través de éstas.

Que estén familiarizados con las nuevas tecnologías porque han formado parte de sus vidas desde siempre no quiere decir que sepan cómo comunicar con ellas. Del mismo modo que cualquier persona que haya nacido con la radio no tiene por qué saber cómo transmitir un mensaje a través de ella adaptándolo a dicho canal.

Ahora bien, ¿cómo vamos a enseñar a un niño a ofrecer un discurso altamente Neotelling cuando nosotros, quienes le enseñamos, no tenemos la capacidad de transmitir un discurso de este tipo?

Aunque ésta, en mi opinión, es una de las grandes paradojas de la vida: "Que el alumno sepa más que el profesor", lo cierto es que, en esta ocasión, esta magia se genera porque quienes les enseñarán a hacer este tipo de discursos serán, además de profesores, expertos en hablar en público: los Neotelling Medium

Users. Aprenderán de ellos cómo enfrentarse a un auditorio y cómo explotar al máximo las nuevas tecnologías y junto a la experiencia de uso de ellos mismos como nativos digitales, generarán discursos llenos de creatividad con un alto grado de Neotelling.

En este código QR puedes ver uno de los juegos infantiles con los que la juguetería londinense Hamleys entretiene a su público. Además de éstos, los asistentes a la juguetería pueden disfrutar de juegos de realidad aumentada y numerosas aplicaciones de integración de las nuevas tecnologías en soportes físicos.

Este tipo de juegos, unido a las investigaciones que existen sobre la plasticidad del cerebro, despiertan en mí la siguiente cuestión: ¿se puede formar al cerebro para que perciba en las superficies tecnológicas algo más que pantallas emisoras de estímulos? ¿Se puede enseñar al cerebro a tocar las superficies?

Actualmente, los niños se divierten con pantallas interactivas y juegos de realidad aumentada, generando que su cerebro perciba que cualquier superficie es susceptible de ser tocada, pero, entonces: ¿realmente son nativos digitales o les hemos enseñado los adultos a que su cerebro sea diferente? Y si esto es así y, en cierto modo, podemos moldear nuestro cerebro en base a nuestras acciones, ¿por qué sólo diseñar juegos con nuevas tecnologías para niños y no hacerlo también para adultos?

Centro de innovaciones BBVA: educando al cerebro a interactuar con la tecnología

b. **Neotelling Medium Users:** Generación Y (Millennials) y generación conectada. Se trata de personas a las que le gusta la tecnología y la han integrado en sus vidas como plataformas de uso diario.

Por edad, la generación Y formaría parte de este grupo, ya que sus discursos contendrán tecnología, pero no han nacido con ella y, por tanto, les será más difícil, aunque no imposible, hacer discursos con un alto grado de Neotelling.

E independientemente de la edad, a este grupo también pertenecería la generación C o generación conectada. Se la conoce como Generación C porque está íntimamente identificada con la "creación", el "contenido", la "conectividad" y el sentimiento de "comunidad"[21].

---

[21] Investigación de Think Insights (think with Google). "Generación C. La Generación Youtube". Marzo 2013. Referencia online: https://goo.gl/KFWFJX

Dicen de la Generación C que es un "mood"[22], un estado de ánimo. Saben que son pioneros y se sienten bien al formar parte de la vanguardia tecnológica y digital. Por ello, probablemente se sientan muy cómodos intentando ofrecer discursos Neotelling.

La pasión de este grupo por las nuevas tecnologías hará que las introduzcan en sus mensajes con naturalidad. Además, recurrirán a herramientas creativas ante espacios que no den pie a la inclusión de las mismas.

Actualmente los espacios están menos acondicionados tecnológicamente de lo que se prevé para un futuro. En las próximas décadas existirán más salas de conferencias con una mayor cantidad de pantallas en las mismas e, incluso, alguna se podrá permitir otro tipo de nuevas tecnologías en el propio mobiliario de la sala.

Tecnología que humanos y salas de conferencias se llevan puestas: wearable technology

Sin embargo, gracias a la pasión por la tecnología de los Neotelling Medium Users, estas dificultades sólo harán aumentar su creatividad e ingenio para ofrecer, ante los recursos disponibles, un mensaje 360º integrador, efectivo y de alto impacto.

---

[22] "La Generación C: crea, contenido, conecta y comunica". Oliverio Pérez Villegas. 11/09/2013. Referencia online en: http://goo.gl/JUoK63 y web propia: http://goo.gl/mzniAu

Brian Solís recuerda que la generación C son compradores conectados con un espíritu digital no enmarcado en fechas ni etiquetas cronológicas[23].

Retos de la Generación Y y C para convertirse en Neotelling Medium Users:

1) **Tienen que encontrar el equilibrio entre su afición por compartir momentos en RRSS y la saturación que puede generar esta integración en su auditorio.** Deberán valorar a su usuario antes de realizar excesivas alusiones a compartir la conferencia en redes sociales.

   Tampoco deberán basar su discurso en este tipo de integración on-off porque entonces estarán muy lejos de ofrecer un discurso con una integración real entre ambos mundos.

2) **Actualización constante de sus conferencias en base a la actualidad:** los discursos Neotelling exigen un alto esfuerzo en la personalización de las conferencias y en el cambio constante de las mismas. Esto es debido a su obsesión por adaptarse al auditorio, al momento y a los recursos disponibles.

   Llega a su fin, por tanto, la conferencia comodín para muchos expertos que, por falta de tiempo o por la generalidad de lo que tienen que exponer, terminan comunicando los mismos mensajes encorsetados en la misma estética de todas las ponencias que tienen que ofrecer.

---

[23] "The Connected Consumer and the New Decision-Making Cycle". Brian Solis. Referencia online: http://goo.gl/wVZKTX

Esta actualización viene exigida, además de como garantía de eficacia del mensaje, por la caducidad temprana de una ponencia que, probablemente, se grabará y reproducirá en Internet en general y en YouTube o Vimeo en particular.

Es positivo que tu conferencia sea difundida y reproducida a posteriori independientemente del tiempo.

No es positivo que todas tus conferencias sean siempre iguales y lo único que cambie sea tu ropa. Si esto ocurre, los usuarios dejarán de seguir tus ponencias porque ya sabrán, antes de acudir, qué les vas a ofrecer.

3) **Actualización también en herramientas y plataformas:** además de actualizar las presentaciones en función de los espectadores que nos escuchen, también es conveniente la actualización de la integración de las nuevas tecnologías.

Que las nuevas tecnologías evolucionan muy rápido es algo obvio que no necesita explicación. Pues bien, es precisamente esta evolución la que obliga a introducir nuevos elementos tecnológicos en nuestras conferencias y desechar de éstas los que queden obsoletos o tengan una peor eficacia comunicativa.

El arte de comunicar con tecnología no se aprende y permanece intacto para siempre. Se trata, al igual que la mayor parte de los trabajos actuales y del futuro, de una labor dinámica que requiere un esfuerzo de aprendizaje e innovación continuo.

4) **Cuidar la voz y no delegarla a un segundo plano ante el resto de recursos:** la voz mueve, transmite, es la encargada de conseguir una sonrisa en nuestro auditorio o una lágrima. Es la responsable de que nuestro mensaje llegue y también de que se recuerde más allá de un par de horas de conferencias.

Lógicamente y como has podido leer al principio de este libro, cuando hablamos, no transmitimos sólo con la voz, también lo hacemos con los gestos (tanto de la cara como del cuerpo en general), con nuestros movimientos, con la ropa que llevamos... Sin embargo, la voz es, muchas veces, el vehículo para transmitir esa pasión que el emisor siente al expresar cada mensaje y "hacer mover" con dicha pasión el resto de elementos no verbales.

Si tu voz vibra cuando explicas algo, inevitablemente, tus ojos se iluminarán, tus manos se moverán inconscientemente para transmitir eso que sientes y tu cuerpo se moverá de manera coherente con el mismo fin.

c. **Neotelling Basic Users:** éste sería el grado menor de los discursos Neotelling. Pertenecen a este grupo los adultos de hoy en día con cierto interés en las nuevas tecnologías pero sin una pasión por ellas.

Introducirán las nuevas tecnologías en sus discursos y harán varias alusiones a la interacción por parte de los usuarios en las redes sociales de la conferencia, pero tendrán más dificultades en integrar las nuevas tecnologías de una forma natural y cohesionada como sí harán los ponentes del grado anterior.

Ejemplos de un discurso realizado por Neotelling Basic Users:

1) Utilizan un hashtag en su conferencia y lo tienen presente continuamente en uno de los soportes que elijan para apoyar sus palabras.

2) Probablemente utilicen una pantalla para exponer su presentación de seguimiento de su conferencia (diapositivas de Power Point, presentación en Prezi...).

3) Los ponentes más tecnológicos quizá recurran a una segunda pantalla para hacer un seguimiento instantáneo de las menciones que se hacen en Twitter con el hashtag elegido.

4) A lo largo de la conferencia se animará a los espectadores a compartir los contenidos en las redes sociales.

5) A medida que se sucedan los meses y los años, estos Neotelling Basic Users incorporarán nuevos pasos de integración on-off en sus discursos, pero siempre y cuando lo que ellos hagan ya haya sido testado por otros ponentes más atrevidos y hayan obtenido un feedback positivo.

El uso de las nuevas tecnologías debe suponer un complemento de nuestro discurso y nuestra voz. Pero no debemos usar las nuevas tecnologías como una herramienta reguladora de nuestras inseguridades. Es decir, cuando recurrimos, por ejemplo, a un Power Point como nuestro comodín por si nos quedamos en blanco durante nuestro discurso, no estamos integrando las nuevas tecnologías, solamente estamos haciendo un uso parcial de ellas con objetivos muy distintos a enriquecer la comunicación de nuestros mensajes.

¿Cómo adaptar un discurso Neotelling a un auditorio no acostumbrado a las nuevas tecnologías?:

- Podemos usar ejemplos visuales que tengan un bajo ritmo interno para que nuestro espectador no sienta ansiedad por la sobreestimulación desde plataformas desconocidas para él.
- También tenemos que medir la frecuencia de interacciones que queremos que nuestro público realice en nuestro discurso, teniendo en cuenta que no está acostumbrado a las nuevas tecnologías. Este tipo de espectadores, aún con su desconocimiento de las plataformas, se sienten muchas veces entusiasmados por probarlas, pero con distancia y cierto recelo. Así que podemos incluir algún ejemplo que requiera su interacción, pero sólo un par de ellos, ya que están dispuestos a interactuar con las nuevas tecnologías, pero si abusas de ellas, se sentirán agobiados.
- Si para cualquier público la voz será siempre el vehículo principal para transmitir cualquier mensaje, para las personas sin un vínculo especial con las nuevas tecnologías,

la voz cobra una importancia vital. El control de la misma será esencial a lo largo del discurso.

Al explicar cualquier contenido con nuevas tecnologías a un auditorio que no las controla, tenemos que transmitir una sensación de tranquilidad y reposo utilizando nuestra voz. Deberemos contarlo en modo kinestésico: de una manera pausada, con un tono más grave y de una forma sosegada para que nuestro mensaje llegue. También tendremos que transmitir a través de nuestra voz una emoción especial por el uso de las nuevas tecnologías y el beneficio de su uso en las conferencias.

Como para este público las nuevas tecnologías son algo nuevo y, probablemente, algo inapetente y sin atractivo, si queremos usar las nuevas tecnologías porque son prácticas para explicar algún concepto, tenemos que controlar muy bien el uso de la voz para conseguir atraer a nuestro público con estos recursos.

Aunque *a priori* se pueda imaginar un público mayor como símil de un colectivo ajeno a las nuevas tecnologías, no se debe caer en este error y se deben concebir estas recomendaciones de una forma mucho más amplia.

Resulta importante no olvidar que existen muchas razones ajenas a la edad por las que un auditorio puede estar lejos de un uso habitual de las nuevas tecnologías.

Quien te escucha, puede ser una persona mayor pero conectada, por lo que tu riqueza en el uso de las nuevas tecnologías podrá ser mayor.

Quien te escucha puede ser, desde un poblado africano cuyas costumbres están ajenas a las nuevas tecnologías hasta habitantes de un país subdesarrollado sin posibilidad de estar conectados.

Quienes, por decisión propia, quieren mantenerse al margen de las nuevas tecnologías y no integrarlas en sus vidas.
En este último caso debemos tener en cuenta esta decisión para nuestros discursos, ya que conocer a nuestro público y adaptarnos a él es clave de una comunicación eficaz.

7. Neotelling en... Política, empresa y educación

El sentido es lo que define si eres capitán o barco, veleta o viento

(eluniversodelosencillo.com)

Pensar, focalizar, desarrollar, revisar, practicar, practicar, practicar (esta repetición no es un error)..., y ejecutar en directo.

Éstos son algunos de los verbos que cualquier político/speechwriter, empresario o docente tiene que tener muy presente a la hora de desarrollar sus discursos.

Pensar...

¿A quién voy a ofrecer mi discurso? ¿Cómo es mi público y qué esperan de mí? ¿Cuál es el objetivo de mi discurso? ¿Qué mensajes quiero transmitir en él? ¿Con qué quiero que se quede mi audiencia? ¿Cómo las nuevas tecnologías me pueden ayudar a transmitir mi mensaje?

Focalizar...

¿En qué me quiero centrar y qué quiero desechar de mi discurso? ¿Qué quiero que aparezca en él y sobre qué tengo que tener cuidado para no desviar la atención hacia esa parte de mi tema que no me interesa?

Desarrollar...

Cuando comenzamos a desarrollar un discurso, necesitamos una estructura que nos guíe a mantener el foco de atención en lo realmente importante.

Existen muchas herramientas que contribuyen a un desarrollo creativo de nuestros textos. Es conveniente intentar crear de una manera distinta que impacte a nuestro auditorio ya que esto fomentará un mensaje más memorable.

Durante el desarrollo, es importante tener en cuenta la conclusión a la que hayamos llegado en la fase inicial en torno a la pregunta: "¿Cómo las nuevas tecnologías me pueden ayudar a transmitir mi mensaje?". Ya que de ella extraeremos la importancia que tendrán las nuevas tecnologías en nuestro discurso y así valoraremos de qué modo y en qué momento podemos incluirlas como soporte y complemento de nuestros mensajes.

"El mejor discurso es el que tiene un inicio interesante y un final sorprendente y la distancia entre ambos es la mínima posible". WINSTON CHURCHILL

Revisar

Aunque ésta es una acción constante a lo largo de nuestro discurso -incluso durante la fase de práctica y los minutos antes de salir al escenario- se trata de una acción tan importante que merece un pequeño epígrafe propio.

La revisión del discurso no sólo es importante para comprobar la coherencia y cohesión de éste, sino también para la consideración de nuevas ideas de integración del ámbito online y offline en el discurso.

Practicar, practicar, practicar...

Aunque la improvisación en oratoria ante cualquier situación es muy importante, la práctica de nuestro discurso es esencial para la eficacia del mismo.

Cuando hablamos de practicar lo hacemos de ensayar todos los aspectos del discurso y no sólo el contenido del mismo. Tenemos que practicar los gestos con los que comunicaremos, cómo vamos a controlar el espacio, el tono que utilizaremos y en qué momento lo cambiaremos, nuestras miradas...

Esto no quiere decir que durante el discurso se pierda espontaneidad con tanta práctica. Lo que supone tanta preparación es aumentar la seguridad en uno mismo y controlar el tema del que vas a hablar. Ya en el discurso en directo incluirás algún gesto que seguro no tenías planeado en tus ensayos, porque te saldrá de manera natural y espontánea.

Ejecutar...

Ensayar para ejecutar en directo... Probablemente el día que tengamos la exposición de nuestro discurso, éste no nos salga exactamente como lo planeamos. Pero esto no debe incomodarnos ni disminuir la adrenalina que la conferencia en directo nos ha generado.

Al fin y al cabo, nadie sabe cómo lo teníamos preparado, por lo que nadie sabrá cuánto nos hemos equivocado o qué podíamos haber hecho mejor.

Lo realmente importante es estar conformes con nuestro ensayo y ejecución. Tenemos que aprender a estar satisfechos con cada conferencia que ofrezcamos y estar dispuestos a mejorar las siguientes sin caer en el error de homogeneizar todas las siguientes ponencias. De otro modo, si no personalizamos cada discurso que ofrecemos, estaremos saltándonos una de las fases más importantes a la hora de realizar un discurso: la de "pensar".

Cuando hablamos de cómo un político debe realizar sus discursos Neotelling, en realidad lo hacemos de sus consultores en general y de sus speechwriters en particular.

Los speechwriters son escritores de discursos políticos, "los obreros de las palabras, escultores de conceptos" [24]. En cierto modo, son los "logógrafos" de la Grecia Clásica, un término que utilizó Tucídides para referirse, precisamente, a los escritores de discursos públicos.

El primero que profesionalizó la labor de un speechwriter fue Ted Sorensen, quien escribió los discursos de Kennedy. Tras él, han sido muchos los speechwriters que han intentado transmitir mensajes eficaces en boca de unos políticos no siempre bien valorados por la sociedad. Son bastantes los que se han atrevido a incluir notas de humor, metáforas y, también, una integración de las nuevas tecnologías en dichos discursos.

2 libros interesantes sobre los speechwriters

Robert Lehrman (discursos Al Gore)

Marie de Gandt (speechwriter de Sarkozy)

---

[24] "El speechwriter o los obreros y escultores de palabras". David Rédoli, ACOP. 01/04/2015. Referencia online: http://goo.gl/IJ9u2j

Un pequeño juego antes de continuar con el capítulo.
A la Iª: speechwriters; a la Dª: políticos, ¿sabrías unirlos?

Jon Favreau	Richard Nixon
Peggy Noonan	Margaret Thatcher
Charlie Fern	George W. Bush
Ann Lewis	Ronald Reagan
Ted Sorensen	Bill Clinton
William Safire	John F. Kennedy
Michael Dobbs	Nicolas Sarkozy
Clare Foges	Barack Obama
Marie de Gandt	David Cameron

¿La respuesta? Pregunta a Google...

Aciertos en la integración de nuevas tecnologías en discursos políticos

1) **Naturalidad, humildad y corazón**[25]: uno de los políticos que mejor representaría este concepto en la actualidad sería Barack Obama, presidente de EE.UU. Cuando habla, siente lo que dice y lo transmite de una forma llana sin la pretensión de "parecer", simplemente "es" y se muestra como tal.

2) De Obama y sus speechwriters destacan bastantes más aciertos que el anterior en un discurso Neotelling. Dicen que el presidente de los Estados Unidos tiene una personalidad kinestésica auditiva según la programación neurolingüística. Pues bien, **la integración en sus discursos de metáforas visuales ayuda a que Obama conecte con todos los espectadores**[26] que presencian sus discursos, independientemente de la ubicación de éstos: en directo, diferido; en medios de comunicación tradicionales o a través de medios online.

3) **Uso de la tecnología de manera constante, no sólo en campaña.** De nuevo, tomando como referencia a Obama, su uso de las nuevas tecnologías no sólo se reduce a un discurso, ni a una campaña, ni a un momento puntual. Un orador que realmente se considere Neotelling, deberá tener un gusto especial por la tecnología e introducirla así de manera natural en sus discursos. Desde su nombramiento hasta

---

[25] Mónica Pérez de las Heras, Directora Técnica de la "Escuela Europea de Oratoria", está especializada en Programación Neurolingüística. Cuenta con un profundo estudio de la PNL de Barack Obama.
[26] Ídem.

ahora, Obama es conocido por ser el primer presidente hi-tech, y es que según Rob Enderle, de Enderle Group en Silicon Valley, "Obama ama la tecnología y si la usa tan bien, es porque la domina"[27]. Esta pasión genera que su uso no sea algo puntual, sino periódico y aprovechando cualquier oportunidad que se presente.

4) **Actualización constante**. Como hemos comentado anteriormente, la actualización constante en las nuevas tecnologías es esencial para que los discursos integren las actuales tecnologías y las futuras. Aunque algunos políticos tengan verdadera pasión por las nuevas tecnologías como el presidente de los Estados Unidos, no disponen del tiempo suficiente para esta actualización constante, por ello es positivo que tengan cerca asesores en nuevas tecnologías.

La joven Rahaf Harfoush asesoró, como voluntaria, a Obama en nuevas tecnologías desde el comienzo de la campaña de éste[28].

5) **Integrar las redes sociales, blogs y demás plataformas online en el propio discurso,** pero también usarlas y estar activo en ellas fuera del tiempo de los discursos en sí.

6) **Involucración de la ciudadanía.** Los discursos Neotelling se caracterizan también por un componente de movilización social. Sobre todo en la vida política, aquellos

---

[27] "Obama, el primer presidente hi-tech". Periódico La Nación. 07/11/2008. Referencia online: http://goo.gl/0afgm6
[28] Publicación recomendada "Yes we did", de Rahaf Harfoush. 2010. Harfoush resume la estrategia del nuevo marketing en siete claves. Referencia online: http://goo.gl/FMSUrp

políticos que consiguen movilizar a la ciudadanía, son los que han logrado integrar realmente a su audiencia en su causa. Porque, al final, un discurso Neotelling en política tiene que transmitir un proyecto al que adherirse, una causa que defender, una razón de lucha común.

Como ejemplos de dicha involucración social, se puede destacar a Obama en el ámbito internacional y a Manuela Carmena en una esfera más local (elecciones Autonómicas 2015, Madrid).

7) **Nuevas plataformas como Kuorum.org,** cuya razón de existir reside en el deseo de conectar a políticos con electores de todo el mundo. Las propuestas y proyectos publicados en la web por los propios políticos son debatidas de manera libre y suponen un pequeño sondeo de opinión de la acogida que dicha propuesta tendrá entre los ciudadanos.

8) **Probar, arriesgarse y diferenciarse.** Einsenhower fue el primero en crear anuncios televisivos en su campaña de 1952. Kennedy quien comenzó a emplear especialistas en sondeos electorales en 1960. George McGowern utilizó el correo masivo para llegar a los electores en 1972. Jimmy Carter quien comenzó a usar las llamadas como técnica electoral en 1980[29]; Obama revolucionó la comunicación política integrando el mundo online en 2008...

Otro ejemplo podemos encontrarlo en los políticos argentinos Rodolfo Terragno y Martín Lousteau, quienes ya en 2013 convirtieron los boletos de la lista Sumá+ en elementos

---

[29] "'Hope', 'Yes, we can'. El fenómeno Obama'08. Nuevas tecnologías y nuevas políticas". Paz Villar. Referencia online: http://goo.gl/5UjdiA

interactivos gracias a la realidad aumentada[30]. A través de pequeños vídeos de menos de 30 segundos, Terragno y Lousteau hablan a través de dichos boletos sobre corrupción, inflación, inseguridad, libertad de prensa, subsidios, violencia de género...

Vídeo uso boleta parlante

9) **Llegar a la ciudadanía a través de sus propios dispositivos tecnológicos.** CDU o PSD en Alemania y Ciudadanos en España, entre otros partidos políticos, han llevado a cabo en las últimas elecciones interesantes iniciativas tecnológicas como las aplicaciones móviles.

Lo realmente interesante del uso de estas aplicaciones para los discursos Neotelling es utilizarlas más allá de la campaña electoral y en los propios discursos. Se pueden crear ideas innovadoras y creativas aprovechando que los espectadores que escuchan al político ya las tienen descargadas. En cualquier planteamiento de este tipo tendremos que contar con una red Wi-Fi, con el fin de que las

---

[30] "La boleta parlante y la realidad aumentada". Sebastián Abrevaya. 31/07/2013. Referencia online: http://goo.gl/weCrM7

descargas e interacciones sean mayores al no "consumir datos" de los espectadores.

Actualmente, que un partido político tenga una aplicación mobile ya no es noticia, que incluya en ella algo más que la misma información que aparece en su web y la utilice para llegar a sus ciudadanos de una forma distinta, sí es noticia.

Por ejemplo, en España, la app. mobile de Ciudadanos incluye elementos de realidad aumentada y geolocalización de las mesas informativas del partido a tiempo real.

10) **Pegada de carteles digitales:** quizá ésta sea una de las integraciones de nuevas tecnologías más vistosas y con una extensión más rápida entre todos los partidos. Ya desde 2011, los políticos han ido cambiando sus brochas y pegamento por pantallas.

Solamente por destacar algunos, Merkel sorprendió en las Elecciones federales de Alemania de 2013 con un "cartel electoral parlante"[31]. A través de éste, el partido de Merkel les lanza sus mensajes a sus votantes para que se unan al proyecto alemán.

11) **Retransmisión de la Convención del Partido Popular a través de Google Glass[32].** Al acceder a la web del PP (www.pp.es), cualquier usuario podía elegir entre dos señales de vídeo diferentes: la convencional y la de las Google Glass.

---

[31] "La campaña electoral alemana se suma a las nuevas tecnologías con la Merkel-App". La Razón. 05/09/2013. Referencia online: http://goo.gl/0qQ8Tk

[32] Artículo en la propia web del Partido Popular presentando la nueva web. Referencia online: http://goo.gl/27eX20

El inconveniente de esta acción es que no ha perdurado en el tiempo ni se ha incorporado a nuevos eventos.

12) **Jun, ejemplo de comunicación online entre Ayuntamiento y ciudadanos.** Una buena comunicación Neotelling no sólo se muestra en discursos concretos, se trata casi de una filosofía de vida y ejemplos como el de Jun muestran lo beneficioso que resulta una correcta integración de las nuevas tecnologías en la comunicación diaria.

Este pequeño pueblo granadino de 3.500 habitantes ha convertido Twitter en el canal principal de comunicación entre el Ayuntamiento y los ciudadanos. De hecho, tal ha sido el impacto de esta acción, que el Instituto Tecnológico de Massachussets (MIT, EEUU) pretende extrapolar este modelo a grandes núcleos urbanos.[33]

13) **Big data en campaña electoral.** Aunque en este libro no se detalla este concepto, qué duda cabe de lo esencial del mismo. Cuando hablamos de conocer al espectador –en este caso al votante- también tenemos que recurrir a las nuevas tecnologías en busca de nuevas herramientas de medición que nos faciliten perfiles de usuarios más concretos a los que dirigirnos.

En las Elecciones estadounidenses de 2012, el Big Data fue el protagonista de la campaña electoral junto a la estrategia de Social Media. Tal fue la importancia que la revista Wired incluso la denominó "Nerdiest election ever". El

---

[33] "Jun, el pueblo que se convirtió en modelo para MIT por su uso revolucionario de Twitter". Leire Ventas. BBC Mundo. 26/06/2015. Referencia online: http://goo.gl/i4dEj9

director de la campaña de Obama, Jim Messina, aseguró que sus estrategias de análisis de datos fue una de las ventajas que tenía sobre Mitt Romney[34].

Errores de integración nuevas tecnologías en discursos políticos

1) **Deseo falso de involucración social.** Dos aplicaciones móviles lanzadas para animar a los votantes a convertirse en voluntarios de un proyecto y una diferencia clara entre ellas. Mientras que el partido político de Obama lanzó dicha aplicación un año antes de las elecciones, el de Merkel lo hizo solamente dos semanas antes. ¿Quería de verdad contar con esos voluntarios y escuchar sus ideas o se convertirían solamente en staff de algún evento?

2) **¿Error o acierto? ¿Códigos QR sólo para la foto?** En 2012, el Gobierno de España decidió presentar sus Presupuestos Generales a través de un Código QR con el fin de ahorrar así papel y, en cierto modo, tener una mayor visibilidad mediática con este gesto. En mi opinión, ese modo de integrar las nuevas tecnologías fue un acierto. Sin embargo, a partir de este momento, no he vuelto a ver el uso de códigos QR en otros discursos públicos cuando podrían haber sido útiles, lo que me lleva a catalogarlo de error si el gesto solamente se hizo "por la foto".

---

[34] "Cómo la realidad virtual influirá en las presidenciales americanas de 2016". Rafael Pérez. 22/07/2015. Referencia online: http://goo.gl/jvCpa8

3) **Integrar en sus vidas las redes sociales y querer poner ellos las reglas en éstas.** Además de no acertar siempre en las comunicaciones que realizan en las redes sociales, algunos políticos no han entendido las reglas del juego en las redes sociales y han intentado, sin ningún éxito y con muchas críticas, intentar cambiarlas.

Aunque del uso de las redes sociales por parte de los políticos se podría extraer una larga lista de errores, solamente mencionaré cuatro que se pueden extrapolar fácilmente a la comunicación en un discurso:

a) Olvidar que la carretera tiene dos sentidos. Utilizar las redes sociales como medio para compartir información pero no interaccionar en ellas ni participar en los debates existentes.

b) Utilizar la red social para un fin concreto. Ser inconstantes y abandonar sus perfiles pasada la época electoral.

c) No integrar esta presencia en redes sociales con la política tradicional que diariamente llevan a cabo.

d) No diferenciar contenidos en función de la red social utilizada.

Ideas para un futuro. Discursos políticos Neotelling

1) **Discursos actualizados a tiempo real con datos e información en directo.** ¿Y si los debates parlamentarios se enriqueciesen con el contraste de datos en tiempo real?

2) **¿Por qué los políticos solamente muestran recortes de papel en sus comparecencias para dar credibilidad a sus argumentos?** Resulta paradójico el despliegue tecnológico que casi todos intentan mostrar en campaña contra el oasis que se percibe en cualquier sesión parlamentaria o discurso político fuera de cualquiera de las dos Cámaras.

En algunas ocasiones son los propios políticos o asesores quienes deciden no usar las nuevas tecnologías para convertir sus palabras en algo más comprensible para los ciudadanos. Pero, en otros casos, son las propias leyes, las que impiden el uso de ordenadores, smartphones, tabletas, Google Glass... Estas prohibiciones las mencionaré, con mayor detalle, en el capítulo: Legalidad y Neotelling: principios básicos.

3) **Ideas de marketing de cercanía y proximidad** pueden resultar muy interesantes en determinadas conferencias políticas. Al activarse solamente en momentos puntuales se otorga una credibilidad especial al político que contesta esas dudas que los espectadores que se encuentran cerca de él le han realizado.

Si por algo son criticados los políticos cuando se dirigen a un auditorio y cuando realizan cualquier acción de interacción social es, precisamente, por su falta de credibilidad. Debido a que los políticos tienen un tiempo limitado para dirigirse a la ciudadanía y es imposible que ellos mismos contesten todas las dudas de ésta, es mejor activar determinados recursos y acciones solamente cuando el político realmente pueda ser quien ejecute esta acción sin ayuda de su equipo.

4) **¿Te imaginas un discurso de un político en cualquier lugar?** Esto podría ser posible con la **realidad aumentada.** ¿Te imaginas pequeños discursos "enlatados" en un pequeño código que estaría impreso en los principales puntos de una ciudad o un país? Lógicamente, el político hablaría a su ciudadanía de cómo pretende mejorar ese punto en el que el usuario se encuentra o le ofrecería algún tipo de información realmente interesante para el votante.

Como es lógico, que una idea exista o que una herramienta la permita, no significa que su ejecución sea la correcta, y si ésta se convierte en un sinfín de códigos repartidos por las ciudades con mensajes vacíos y sin compromisos reales: la integración de las nuevas tecnologías en el discurso no será eficaz porque su uso no ha sido el correcto.

5) Y si en vez de minidiscursos de políticos, ¿los partidos políticos hacen una **aplicación mobile común de realidad aumentada en la que el usuario pueda conocer, en cualquier punto de la ciudad, qué opinan los principales partidos de cada tema** que en ella se debata o se ilustre?

Esta aplicación se actualizaría de manera constante y el usuario podría usarla capturando desde palabras en cualquier soporte gráfico hasta audios en soportes sonoros (ej.: un debate que escucha en la radio de su coche o en la televisión de cualquier bar) o al capturar la imagen de edificios emblemáticos de la ciudad que hayan generado polémica y ante los que se necesite una actuación.

6) **¿Y si la realidad virtual (RV) llegase a las campañas electorales?** En este caso, la idea no es mía, la he recogido del artículo de Rafael Pérez en Wearabletech.es[35]. En éste, Rafael Pérez recuerda que la realidad virtual trae consigo interesantes y nuevas métricas para analizar por los directores de campaña. Por ejemplo, resulta interesante conocer el recorrido de los ojos dentro de un casco de realidad virtual ante determinado contenido.

Y uno de los proveedores que actualmente está investigando estas oportunidades es el Grupo Media Ventures a través de la plataforma Kosher.tv. Se trata de una herramienta de analítica avanzada para la realizad virtual y combina seguimiento de los ojos con datos biométricos, con sensores EEG dentro del casos de RV para el seguimiento de los participantes.

El objetivo final de esto sería el de reorientar el mensaje ofrecido en función de los primeros datos biométricos que se obtengan.

---

[35] "Cómo la realidad virtual influirá en las presidenciales americanas de 2016". Rafael Pérez. 22/07/2015. Referencia online: http://goo.gl/jvCpa8

7) La **geolocalización** ofrece interesantes posibilidades para la vida posterior de los discursos Neotelling. Al concentrar en un mismo espacio a miles de personas –probablemente simpatizantes-, una buena idea que incluya geolocalización o tecnologías NFC, convertiría a toda esa masa en "personas activas" para cualquier acción posterior. Además, se recogería información interesante que posteriormente se podría cruzar, cual Analytics político, con el resto de estadísticas. La idea refrenda lo comentado anteriormente: cuanto más conozcas a tu votante, mejor te podrás acercar a él.

8) La geolocalización también permite **convertir soportes offline en interesantes soportes digitales** que también pueden ser utilizados en las inmediaciones de cualquier discurso político.

Por ejemplo, se puede recurrir a las **Geovallas o Geofencing** para dirigir el paso de quienes las ven. El contenido de estas vallas solamente se activa cuando el usuario ha entrado dentro del perímetro marcado, lo que resulta muy interesante a la hora de personalizar dichos mensajes y conseguir mejores resultados[36].

9) Los políticos tienen que escuchar a todos sus potenciales votantes, ¿y si descubren que entre sus filas hay un gran número de **Anti-techie?** Se trata de personas cuyo objetivo se acerca más a la desconexión que a la conexión, **¿Por qué no hacer un discurso en el que ellos sean los protagonistas?**

Existen diferentes prendas que te pueden ayudar a desconectar, así que: ¿por qué no regalar camisetas que corten la comunicación con el móvil (llamadas, mensajes o whatsapp) cuando se llevan puestas? Se trata de **"tecnología para quitarte la tecnología"**[37].

En este caso, el orador deberá controlar la palabra y su oratoria más que nunca, ya que sólo tendrá ésta para captar la atención de sus espectadores.

10) ¿Y si cada vez hacen menos discursos masificados y más **discursos de pequeños grupos: más personalizados y con debates reales**? Este cambio también es una adaptación de discurso Neotelling.

Cada idea, sobre todo en el ámbito político, deberá ser sometida a la Ley Electoral de cada país y a sus limitaciones a la hora de ofrecer determinado contenido o publicidad.

---

[36] "Informe de tendencias digitales 2015. Toma el control de tus contenidos". Editado por Hotwire, 2015, pag. 21.
[37] "Informe de tendencias digitales 2015. Toma el control de tus contenidos". Editado por Hotwire, 2015, pag. 29.

NEOTELLING EN LA EMPRESA

Puedes ser un importante empresario o un buen profesional, pero hablar en público es fundamental ya en el 85% de las carreras.
(Mónica Pérez de las Heras, Escuela Europea de Oratoria)

Cuando hablo de discursos en una empresa, me refiero tanto a los discursos originados dentro de la propia organización (comunicación interna) como a las conferencias en eventos públicos.

1. Comunicación interna: en función del objetivo de nuestro discurso, así será nuestra manera de comunicarnos con nuestros empleados. Si queremos que estén involucrados en el proyecto, también tenemos que incluirles en nuestro discurso como parte del equipo.

- Comunicar un cambio estructural o jerárquico en la empresa.

- Fomentar el equipo o conseguir que todos los empleados "se pongan la camiseta".

- Superar una crisis.

- Anunciar recortes...

2. Conferencias en eventos públicos: normalmente, el objetivo final, independientemente del tema tratado en las conferencias, será el de mejorar la imagen de la empresa a través de dicho discurso.

La formación para hablar en público y para hacerlo integrando las nuevas tecnologías es imprescindible no sólo para los CEO's de las compañías, también para cualquier interlocutor que se pueda convertir, en algún momento, en portavoz de la empresa. Además de ser vital como interés propio de cada empleado para su carrera profesional individual.

Las personas son contratadas por sus habilidades técnicas y despedidas por su falta de habilidades emocionales. DANIEL GOLEMAN

Aciertos en la integración de nuevas tecnologías en discursos de empresa

1) Endomarketing con realidad aumentada. Discursos en convenciones de empresas con realidad aumentada. Por ejemplo, la empresa francesa Alstom, que se dedica a la electricidad, al transporte y a la movilidad, realizó una presentación para comunicar el futuro de la empresa a sus principales directivos en distintos países.

En vez de hacerlo de una forma más común (presentación con slides o un vídeo realizado ad hoc para la convención), eligieron la realidad aumentada para transmitir esa idea de futuro y avance.

Alstom. Conferencia que integra la realidad aumentada

En este tipo de eventos en los que se integra la realidad aumentada no se deben perder de vista otros aspectos fundamentales en la comunicación como son el paralenguaje, la kinésica y el control del espacio. Si no controlamos estos pilares, la exhibición de la realidad aumentada en nuestro evento no lucirá y los espectadores no quedarán cautivados con ella.

Evento Ferrovial Agroman 2010 - realidad aumentada

2) En muchas ocasiones, una idea creativa cambia el uso de una tecnología actual o, incluso desfasada como es un proyector de vídeo o diapositivas. También los **hologramas, tradicionales o los últimos con láser o en 3D,** tienen un gran potencial en los discursos con nuevas tecnologías.

Hologramas en restaurantes

Artículo sobre hologramas láser

---

3) Utilizar las nuevas tecnologías para buscar interacción en el espectador, ya sea en el propio evento o en la intimidad de su casa. Este acierto, en ocasiones, se convierte en un error cuando las expectativas creadas son mayores que la experiencia real del espectador. Esto ocurre, por ejemplo, con el juego #futureself de Orange.

Demo aplicación Orange

Tras probar la web anterior de Orange y ver numerosos vídeos de otros usuarios a los que les ocurría lo mismo, es cierto que las expectativas creadas son muy altas para la experiencia generada tras su uso.

4) También se pueden utilizar las nuevas tecnologías como **metáfora o complemento a la hora de explicar el servicio de una empresa.** Esta idea es aplicable tanto a ferias y eventos en los que la marca tenga un stand como en discursos y conferencias donde ayudarán a recordar mejor nuestro mensaje.

Ejemplo: "crear audiencias" con una impresora 3D

Empresa de emailmarketing en OMEXPO 2015

---

5) Digitalización de stands en eventos. Gracias a las nuevas tecnologías, la presencia de empresas con stands propios en eventos, sobre todo eventos de marketing, ha dado un giro de 180º en 2015 respecto a años anteriores.

Tomando como referencia OMExpo y tras haber acudido los últimos tres años a este evento, 2015 creo que ha sido un punto de inflexión en un evento que cada año acogía a un menor número de empresas con stands tradicionales y con un atractivo decreciente para los visitantes. Un gran número de las empresas que han decidido estar con un stand en OMExpo, lo han hecho digitalizando su presencia. Por tanto, las múltiples pantallas, la interacción mayor con el usuario a través de las nuevas tecnologías y los modelos de prueba de herramientas con realidad aumentada, tecnología ponible, drones de grabación..., volvieron a hacer resurgir una feria que, en mi opinión, necesitaba un cambio.

Las nuevas tecnologías, por tanto, pueden revivir eventos anuales que podrían estar llegando a su "caducidad offline".

6) Integrar las nuevas tecnologías en cualquier etapa, proceso y equipo de la empresa. Las nuevas tecnologías no sólo se pueden utilizar para mejorar la comunicación de la dirección con los empleados o para los discursos de los portavoces de la compañía en eventos públicos, también son muy interesantes en cualquier momento en el que una de las partes se desee comunicar con otro interlocutor:

- **Dpto. de RRHH:** en las entrevistas de trabajo de una empresa también se pueden incluir las nuevas tecnologías para mejorar el discurso con el entrevistado y también como prueba de cómo dicho candidato se enfrenta a las nuevas tecnologías.

- **Dpto. de Comunicación, Marketing y Ecommerce:** gracias a las nuevas tecnologías, se pueden crear acciones originales, diferentes e impactantes que consigan una mayor interacción de los fans y potenciales clientes.

- **Dpto. de Omnicanalidad:** las nuevas tecnologías han sido la razón de existir de este departamento. Unido muchas veces al departamento de Ecommerce, algunas de las grandes empresas como, por ejemplo, Toys R Us, Adolfo Domínguez o Fnac, entre otros, ya cuentan con personal cualificado en este aspecto.

En el resto de las empresas, este tipo de estrategias se suelen englobar en otros departamentos como el de Comunicación y Marketing.

Aunque el término "omnicanalidad" probablemente tendrá en el próximo año un sucesor con algún cambio de matiz en la definición del mismo, al final lo que se intenta transmitir con cualquier término similar es la importancia de que exista una departamento en las empresas especializado en realizar una estrategia realmente global que integre a la perfección, los canales off y las plataformas online. Una estrategia íntimamente ligada a la analítica.

En último término, lo que se necesita es que todos los canales de una compañía estén tan bien conectados y comunicados entre sí, que la empresa sea capaz de adaptarse a las necesidades del usuario y de atenderle independientemente de dónde se encuentre físicamente, de dónde haya comenzado su proceso de venta o de en qué canal haya dejado unos datos personales u otros.

- **Dpto. de Responsabilidad Social Corporativa:** dentro de las acciones de RSC de las empresas, las nuevas tecnologías pueden favorecer ese diálogo entre la empresa y la sociedad en forma de mejora social. Su uso se puede aplicar, de una forma u otra, a la causa principal que cada empresa suele abanderar en sus departamentos de RSC.

Con todo ello, lo que mostramos es una coherencia y cohesión en el mensaje comunicativo. La empresa no integraría las nuevas tecnologías por moda o tendencia, sino porque realmente le interesa beneficiarse de ella y las utiliza en cada uno de los campos o ámbitos en los que puede obtener un resultado positivo y diferenciador.

7) La tecnología ponible es una prioridad para las empresas según algunos estudios. Como he comentado anteriormente, la actitud determina el éxito o fracaso de un discurso Neotelling. Pues bien, el hecho de que para los directivos de muchas empresas, las nuevas tecnologías en general y la tecnología ponible en particular sea una prioridad, supone que hay una actitud que favorecerá los discursos Neotelling.

- El 68% de los directivos y responsables de TI aseguran que los wearables son una prioridad para su empresa. (Estudio de Forrester 2015)[38]
- El 31% de los directivos europeos del sector seguros ya utiliza wearables para comunicarse con clientes, empleados o socios. (Informe de Accenture 2015)[39]
- Un 77% de las empresas fomentan el uso entre sus empleados de wearables en el trabajo[40].
- Se prevé que en 2020 haya 50.000 millones de objetos conectados en todo el mundo, intercambiando

---

[38] "Se espera que la demanda de wearables crezca en las empresas". Hilda Gómez. Dealer World España. 12/01/2015. Referencia online: http://goo.gl/Nz9oc9
[39] "¿Qué es la tecnología wearable y qué uso tendrá en el sector seguros?". Informe Accenture Insurance Technology Vision 2015. Referencia online: http://goo.gl/pjo339
[40] "El entorno laboral se decanta por los wearables". ComputeWorld España. 02/03/2015. Referencia online: http://goo.gl/1lIS2i

datos sin intervención humana. Este dato genera una media de 6 dispositivos smart por usuario.[41]

- Según la consultora Gartner, se espera que en 2018 se vendan 25 millones de dispositivos que permitan acceder a contenidos de realidad virtual.[42]

[41] "El futuro tecnológico para el marketing digital: Internet de las cosas, realidad aumentad y wearables". PuroMarketing. Septiembre 2015. Referencia online: http://goo.gl/zC11zN
[42] "Cómo la realidad virtual podría cambiar por completo las experiencias de usuario". PuroMarketing. Septiembre 2015. Referencia online: http://goo.gl/VN4lbF

Captura cada código QR y disfruta con estos casos de éxito

Realidad aumentada

Wearable Technology

Beacons

Códigos QR y NFC

NFC

Pantallas reconocimiento facial

Soportes interactivos

Lo próximo...

Drones

Pizarras inteligentes

Publicidad personalizada

Errores de integración nuevas tecnologías en discursos de empresa

1) Experiencia del usuario de baja calidad. Este error se produce, sobre todo, a la hora de realizar ambiciosas aplicaciones mobile que no consiguen alcanzar las expectativas creadas en el usuario. Ejemplos de aplicaciones cuyos resultados no han sido los esperados:

    a. Aplicaciones para raparte el pelo y verte calvo.

    b. Habla con tu yo del futuro de Orange.

    c. Probador de gafas virtual de Multiópticas[43]: su velocidad de carga es lento y no funciona con imagen real, sino con fotografía subida.

    d. Aplicaciones de maquillaje online…

2) En conferencias, bloqueos del ponente por fallos con las nuevas tecnologías. En muchas ocasiones, la tecnología que queramos usar y que tanto hayamos preparado: fallará. Y si esto ocurre ahora que simplemente utilizamos presentaciones en Power Point o conexión puntual a Internet, imagínate cuando comencemos a usar cualquier tipo de tecnología en nuestras ponencias…

Pero que algo pueda fallar no significa que no haya que intentar "jugar" con ello. Porque, cuando no hay errores, la experiencia del espectador es mucho más satisfactoria y memorable que cualquier otra. Y, cuando falla la tecnología, simplemente tenemos que solventarlo con la persona.

---

[43] Enlace al probador de Multiópticas: http://goo.gl/gvai2h

De ahí que en los discursos Neotelling se destaque la importancia del uso de la voz y el control del espacio ante un auditorio. Si en discursos tradicionales este elemento es esencial, en discursos Neotelling donde la tecnología puede fallar y la improvisación tiene que captar toda la atención del espectador: la voz tiene que ser el puente que conecte con el auditorio, no otra piedra más en el camino.

3) Además, podemos encontrar también en discursos de empresarios o portavoces de una empresa errores similares a los que aparecían en los discursos políticos. **Utilizar la tecnología en nuestros discursos porque está de moda no es integración.** Es como quien se pone una barba postiza porque quiere hipster porque está de moda, ¿entenderías que esto sucediera?

Pues el mismo efecto lo encontramos cuando vemos a un ponente que no cree en las nuevas tecnologías utilizarlas en su discurso porque se lo han recomendado porque queda *cool*. Al final, la no naturalidad y la apariencia, se paga.

4) "¡Muerte al Power Point!" o "Presentaciones en Power Point realizadas para ser leídas y no como complemento a una conferencia. Considero ambas creencias un error. Por un lado, el hecho de no se haya utilizado correctamente esta herramienta en la mayor parte de presentaciones y conferencias no le quita la utilidad que en su esencia sí tiene. Y, por otro lado, un discurso Neotelling no se puede permitir presentaciones en Power Point tradicionales en las que en cada diapositiva se repite lo mismo que el ponente cuenta.

Estas explicaciones dobles solamente se justificarían –y en último término- si estamos ante un auditorio con capacidades sensoriales distintas (personas sordas o ciegas, por ejemplo). Y, en este caso, tampoco sería ésta la forma más adecuada de hacer llegar dicho mensaje a nuestro auditorio.

5) Y, por último, el error que a mi juicio prima sobre cualquier otro y que, por desgracia, he visto a lo largo de mi pequeña carrera profesional demasiadas veces en ruedas de prensa, conferencias, eventos... **El error de no creer importante la formación para hablar en público,** el error de creer que estás por encima y de que nadie te debe enseñar a dirigirte a tus espectadores: "¡Cómo no vas a saber hacerlo si eres un gran empresario!".

Ideas para un futuro. Discursos de empresa

1) Presentaciones visuales que realmente complementen nuestro discurso. Según algunos expertos en oratoria, Nancy Duarte es una de las máximas responsables del buen uso de presentaciones visuales.

Aunque Nancy Duarte es una especialista en realizar historias visuales enfocadas a negocio, muchos de sus consejos y recomendaciones también se deberán aplicar en el ámbito docente, ya que el buen uso de las presentaciones en clase es una grave carencia actual que deberán corregir muchos de los profesores actuales de colegios, institutos y universidades.

Una de las claves en las presentaciones visuales es la de "convertir en imágenes" cualquier palabra escrita para desarrollar una idea. Parece algo lógico, pero, sin embargo, ¿acaso el problema de las presentaciones actuales no reside, precisamente, en no saber convertir las palabras en imágenes que transmitan lo mismo?

¿Quieres más información de Nancy Duarte?

Linkedin

Twitter

Conferencia

Dentro de una presentación visual de un ponente en una conferencia también podemos ilustrar con texto aquellas breves ideas que nos interesa que nuestro auditorio comparta en redes sociales. Para ello, la idea tiene que tener menos de 140 caracteres y es aconsejable que el propio ponente incite a un hashtag o a otro.

2) Utilizar las nuevas técnicas de discursos que surjan los próximos años. Cada una de ellas nos aportará a nuestro discurso Neotelling un beneficio específico y en función de nuestros objetivos en nuestra conferencia, así elegiremos una herramienta u otra. Por ejemplo, **el formato Pecha Kucha**[44] es muy útil cuando queremos hacer presentaciones con un control muy exhaustivo en tiempos, con un mayor dinamismo y obligar a los ponentes a prepararse una presentación adhoc para nuestro evento (en el caso de ser los organizadores del mismo).

Se trata de un formato de exposición en el que se muestra una presentación con 20 diapositivas mostradas durante 20 segundos cada una. Dicho término fue creado por los arquitectos Astrid Klein y Mark Dytham en Tokio en 2003 y la idea inicial era la de que jóvenes emprendedores pudieran transmitir sus ideas en un corto espacio de tiempo.

¿Sabías que el nombre Pecha Kucha deriva de un término japonés que significa cháchara o parloteo?

---

3) Durante una conferencia, una de las pantallas puede dedicarse a **mostrar los tweets que la gente realiza con el hashtag del evento.** Se puede utilizar la web **www.visibletweets.com.** Tiene un sencillo mecanismo y una mínima personalización de la animación mostrada. Algunas empresas han recurrido a esta herramienta en sus eventos, pero se debe reforzar la integración de la herramienta usada en el discurso.

No basta con mostrar la pantalla sin alusión alguna a ella, se deberá revisar de manera puntual a lo largo de la conferencia y comentar alguno de los temas que surjan bajo dicho hashtag.

---

[44] Web de referencia: www.pechakucha.org

4) Lentillas con realidad aumentada... Para su uso tienen que sucederse varios factores: que su uso se estandarice y que el uso sea tan común que los espectadores hayan superado la fase de adaptación a estímulos externos.

En un principio y debido a la novedad del impacto de tantos estímulos externos (los elementos virtuales que se añadirían a la realidad percibida), el portador de las lentillas tendrá más dificultad para prestar atención a aquellos elementos que realmente le interese. Sin embargo, una vez pasado un tiempo de adaptación, esa información contribuiría de manera positiva al desarrollo del discurso.

Vídeo: Lentillas con realidad aumentada

5) ¿Y si en un futuro convertimos algunos eventos offline en eventos virtuales? Un evento virtual supone la creación de una infraestructura completamente online del evento. En cierto modo, sería una réplica de un evento off pero en un mundo virtual creado adhoc por parte de alguna empresa como Imaste "The Mobile Events Company", entre las existentes de este tipo. Con este tipo de eventos se consigue:

- Ahorro considerable de costes.
- Mantener la imagen de cada marca gracias a la customización de cada stand del evento virtual.
- Ahorro de tiempos en desplazamientos.

Con todo ello, se logra una mayor involucración y participación de usuarios, ya que pueden contactar con quien ellos quieran en un tiempo mucho menor.

Y con el fin de no perder ese *feeling* que solo se consigue cuando miras a alguien a la cara en persona, se pueden hacer en estos eventos virtuales, pequeñas videoconferencias "one to one" tras cita previa y la aceptación de ambas partes.

Por ejemplo, en octubre de 2015, Trabajando.com y Universia organizaron la cuarta edición de la Feria Mercado Laboral Virtual.

6) ¿Una aplicación para grabar tu elevator Pitch?
Muchos emprendedores necesitan inversores para que sus empresas arranquen y una de las técnicas más conocidas por todos ellos es el "Elevator Pitch". Como casi cualquier lugar es bueno para *soltarle* un pitch al inversor y esa incertidumbre espacial es, es muchas ocasiones, la que más miedo genera, se ha creado una aplicación para que el emprendedor ensaye su propio Elevator Pitch.

La aplicación se llama **Founderfox** y permite, además de ensayar el elevator Pitch, dar visibilidad al vídeo enviándoselo directamente al inversor que elijas o publicándolo en numerosos canales.

7) Utilizar las pantallas en un discurso para causar emociones. Si sumamos "tecnología" y "creatividad", podemos conseguir que nuestros eventos sean memorables por las emociones causadas.

Sorpresa, miedo, intriga... Cuando tenemos diferentes pantallas en un evento, no todas tienen que estar encendidas a la vez ni tenemos que introducirlas de una en una. Las pantallas también comunican en función de las imágenes o vídeos proyectados y el momento elegido.

¡Momento relax!: Ejemplos que inspiran

Si conseguimos sorprender a nuestro auditorio durante nuestra conferencia a través de pantallas apagadas que se encienden de repente para ofrecer contenido interesante, habremos logrado: captar su atención, emocionarles y aumentar sus ganas de escucharnos durante el resto de nuestra conferencia.

8) ¿Y si se utiliza la superficie de las ventanillas de los coches para ofrecer un discurso o juego previo a la conferencia o posterior a la misma para agradecer la

asistencia? Hay ideas que "no se pueden" hacer hasta que una marca lo consigue tecnológicamente, entonces: ¿por qué pensar en ideas que ya se han repetido una y otra vez?

En este caso tiene que ser un mensaje muy breve y que se activará únicamente en los espejos de los copilotos o por alguna tecnología tipo bluetooth que detectase cuando el conductor permanecerá parado más de 30 segundos (semáforos, antes de arrancar el coche, después de aparcar...).

Ejemplo, mensajes en ventanillas de un coche

España, líder de la Unión Europea en abandono escolar prematuro con una tasa del 21,9%[45].

Las aulas 'feas', en América Latina, desmotivan a los estudiantes[46].

El ordenador solo no educa. El papanatismo tecnológico puede ser tan nocivo como la carencia[47].

Que la forma de enseñar ha cambiado o necesita un cambio es una realidad casi incuestionable. Los datos muestran un desinterés claro ante los modelos de educación actuales. Aunque es cierto que muchos profesores intentan innovar en sus métodos, no pueden hacerlo solos. En muchas ocasiones necesitarán el apoyo económico y de materiales del centro.

No obstante, la ausencia de fondos destinados a la integración de nuevas tecnologías en las aulas no exime la posibilidad de hacer un buen discurso Neotelling en ellas. A lo largo de este capítulo se mostrarán ideas que requerirán de un mayor presupuesto y otras que se podrán implementar con un bajo coste.

---

[45] "España, líder de la UE en abandono escolar prematuro con una tasa del 21,9%". Europa Press. El País. 20/04/2015. Referencia online: http://goo.gl/siE62e
[46] "Las aulas 'feas' producen menos estudiantes". Julio César Casma. El País Internacional. 22/05/2014. Referencia online: http://goo.gl/ywBT3h
[47] "El ordenador solo no educa". El País. 16/09/2015. Referencia online: http://goo.gl/i1Xpd0

En el ámbito educativo hay que diferenciar "colegios" de "universidades" y, dentro de estas últimas: "universidades de comunicación y letras" y "el resto de universidades". Ya que la integración de las nuevas tecnologías y el debate de su uso en las aulas es completamente diferente en un espacio que en otro:

- En las universidades se admite su uso en un debate abierto de "aporte a la enseñanza". Mientras que en los colegios de Primaria y Secundaria el debate es mucho mayor y son menos los profesores que defienden los beneficios del uso de las nuevas tecnologías en el entorno escolar.

- Que en el ámbito universitario se admita el uso de las nuevas tecnologías por sus beneficios en el aprendizaje no supone, necesariamente, que su uso se encuentre estandarizado. Lejos de una situación de integración natural, solamente las universidades de letras o comunicación se arriesgan a incluir en sus exposiciones nuevas tecnologías como apoyo en sus clases.

Tal y como apunta Álvaro González-Alorda (@agalorda)[48] en una de sus conferencias[49], los profesores tienen que ser inspiradores hoy en día y es que los alumnos a los que están educando se encuentran en un momento de "construcción de sueños futuros". Para Álvaro González-Alorda, un profesor inspirador es áquel que:

1) **Experimenta.** El reto es innovar en el aprendizaje usando la tecnología como herramienta. Existen muchas

---

[48] Cofundador de Emergap, consultora especializada en innovación en países emergentes.
[49] Conferencia de TEDxUniversidaddeNavarra: "Algo que no pueda encontrar en Google". Álvaro González-Alorda. Referencia online: https://goo.gl/gx8enc (minuto 15).

metodologías y no todas son para todos: aprendizaje adaptativo, aprendizaje colaborativo, aula invertida...

"La innovación es la diferencia entre adelantarse y adaptarse". BTOB (agencia creativa)

---

2) **Conversa.** Aquel profesor que habla con sus alumnos más allá del tiempo estipulado en su contrato. González-Alorda habla de esas conversaciones que orientan al alumno en su vida profesional.

"La educación con gente apasionada a la que le brillan los ojos transforma". ÓSCAR GHILLIONE.

---

3) **Es íntegro.** La integridad como valor. Los valores no son hereditarios ni vitalicios y para valorar la integridad de los profesores, González-Alorda lanza varias preguntas: ¿estás dispuesto a luchar por tus valores? ¿Vives como piensas? ¿Haces lo que dices?

"Sin integridad, el profesor se convierte en un charlatán".
ÁLVARO GONZÁLEZ-ALORDA

"Una persona no puede hacer lo correcto en un área de su vida, mientras que se dedica a hacer lo incorrecto en otra área. La vida es un todo indivisible". GANDHI

Aciertos en la integración de nuevas tecnologías en discursos educativos o impartidos por docentes

1) Integración de nuevas tecnologías en actividades fuera del aula. Son muy interesantes los proyectos fuera del aula que recurren a las nuevas tecnologías para mejorar el aprendizaje.

Por ejemplo, el profesor de Física y Química César Poyatos estudia con sus alumnos en el Parque de Atracciones cómo funcionan las atracciones y comprueban sus hipótesis con aplicaciones mobile que les ayudan a medir determinadas características físicas de dichas atracciones. El proyecto que engloba estos experimentos es Physics on the Go[50] y se basa en el mlearning (aprender física con el apoyo de los dispositivos móviles).

---

[50] Web del proyecto Physics on the Go: http://sandiegoysanvicente.com/physicsonthego/

2) Clases de oratoria y colegios que integran nuevas tecnologías en sus aulas. Uno de estos colegios es el Liceo Europeo ubicado en Madrid (España). Entre sus asignaturas tiene talleres prácticos que denominan "Public Speaking". En estas sesiones, los alumnos aprenden a conocerse a sí mismos, a estructurar el contenido del mensaje, a crear su propia marca personal, a preparar exposiciones…

Además, esta importancia a las habilidades comunicativas de sus alumnos no se queda sólo en esa asignatura, también tienen programas de radio y televisión donde los más pequeños pueden aprender a comunicar en diferentes plataformas, adaptando su mensaje a cada una de ellas.

"El éxito no se logra con cualidades especiales, sino con un trabajo de constancia, de método y de organización".

VÍCTOR HUGO

Muchos son los profesores que introducen nuevas formas de educar al margen de los programas cerrados al comienzo del curso por las instituciones públicas. Uno de ellos es César Bona[51], quien realiza numerosas actividades con sus alumnos con el fin de fomentar la creatividad, el saber hablar en público y defender un tema, el valor de las ideas...

"Para mí ser profesor es mucho más que meter datos en una cabeza"... César Bona es profesor en el colegio público Puerta de Sancho de Zaragoza (España) y ha sido el único profesor español candidato al Global Teacher Prize en 2015. Se caracteriza por enseñar de una forma distinta, divertida y exigente.

"Podría darme vergüenza hablar delante de todos ustedes, pero lo que tengo que decir es demasiado importante como para quedarme callado".

[Se trata de una de las frases que uno de los alumnos de César Bona pronunció ante 400 personas, un estudiante con problemas para expresarse en público porque no pronunciaba la "R"]

---

3) Y en el ámbito universitario también se encuentran numerosos ejemplos de profesores que van un paso más allá de lo establecido, que defienden que se puede promover otro

---

[51] "El mejor profe de España". Mª Jesús Ibáñez. El Periódico. 15/12/2014. Referencia online: http://goo.gl/vAD3Vm

tipo de educación adaptada a la actualidad y que revierta en una mayor implicación y profesionalización de los alumnos.

Es el caso, entre otros, de Melissa Woo, Vicerrectora de Servicios de Información, CIO de la Universidad de Oregón y una de las primeras Glass Explores. Ella asegura que la educación superior es un área importante para la experimentación con Google Glass y otros elementos wearables: "no sólo porque mejoran la enseñanza, sino porque ellos nos ayudan a comprender cómo debemos interactuar mejor e incorporar estas tecnologías en el futuro de nuestra sociedad".[52]

Algunos de los usos innovadores de Google Glass que Vala Afshar extrajo a raíz de una experiencia piloto de la Ohio Wesleyan University son:

Durante las sesiones deportivas, el entrenador les puede dar instrucciones en tiempo real a los jugadores gracias a esta tecnología. Además, los jugadores pueden ver grabaciones.

Utilizar estas gafas para contestar en tiempo real a las dudas de los alumnos que ven la clase desde casa o desde otro espacio distinto al de la clase.

Google Glass puede ofrecer la traducción de idiomas de la clase en tiempo real para los estudiantes extranjeros.

---

[52] "Wearable en educación. usos innovadores de Google Glass". Rafael Pérez. 02/06/2014. Referencia online: http://goo.gl/uPXaQX

4) Storytelling también en asignaturas "de números". Matemáticas, ciencia, física... Son muchas las asignaturas clasificadas como "materias de números" y ante la enseñanza de éstas, los profesores pueden escoger el método tradicional o innovar modelos enseñanza y actividades propias.

Uno de estos ejemplos es Eduardo Sáenz de Cabezón Irigaray, Doctor en Matemáticas y profesor en la Universidad de La Rioja. Éste, sin perder el rigor científico, busca despertar la curiosidad en sus alumnos a través de una explicación divertida de la ciencia y las matemáticas.

Ciencia con rigor y humor

Eduardo Sáenz de Cabezón

Monólogos The Big Van Theory

5) Slides en croma para MOOC's. Actualmente existen muchos cursos online, pero no todos están realizados desde un pensamiento Neotelling. Un ejemplo de esta diferencia en un planteamiento tradicional frente a uno Neotelling lo encontramos en la elección del modo de ofrecer dicha sesión:

- Ofrecer un vídeo de plazo medio corto cuyo protagonismo se reduce a una esquina de la pantalla, y dejando el resto de la pantalla para la presentación en Power Point de la sesión.
- Adueñarse de ese espacio online y trasladar un "escenario físico" a dicho lugar. De este modo, el plano elegido será el medio largo y el movimiento del ponente será mayor, haciendo alusión a los ítems explicados que también ocuparán la totalidad del fondo del vídeo. Se realiza con croma y se necesita para ello un control más elevado tanto de la comunicación ante las cámaras como de la presentación ofrecida ya que los gestos reforzarán lo que aparece escrito y guiarán la mirada del alumno.

2 MOOCS, 2 presentaciones, 2 sensaciones

Ejemplo sin croma[53]

Ejemplo con croma[54]

2) Alusión directa a los espectadores online. Un ejemplo de estas alusiones lo realiza, en una de sus clases online, Mónica Pérez de las Heras, a quien ya he nombrado en varias ocasiones a lo largo del libro por sus buenas prácticas comunicativas.

---

[53] Curso de "Detección de objetos. Técnicas de visión por computador". Universitat Autònoma de Barcelona (España). 2015.

¿Cómo gesticular cuando haces una formación online?

Correcta elección del plano (plano medio constante) y un buen control
de los gestos (manos y cara) adecuado a dicho plano.
Control de la voz y alusión al espectador online: "¿Estáis ahí?" (00:50')

---

6) Aplicaciones de aviso para retomar la lectura de libros. La web de venta de libros Penguin Companhia das Letras[55] ha realizado una acción de marketing con un marcapáginas que tuitea al propietario del libro si éste lo deja abandonado.[56]

Gracias a un sensor de luz, un micro-controlador con un tiempo marcado y Wi-Fi, el marcapáginas sabe la última vez que el libro fue abierto. Si transcurre una semana sin que se vuelva a abrir el libro, se enviará un tweet al propietario del libro con una frase del propio libro con el fin de que éste retome su lectura.

---

[54] Curso "Internet de las Cosas y la Realidad Aumentada de las Tecnologías Emergentes". Yonsei University (Corea del Sur). 2015.
[55] Web de la compañía: http://www.companhiadasletras.com.br/
[56] Vídeo "Tweed For a Read Português1". Agencia Mood. 13/08/2014. Referencia online: https://goo.gl/H5fr7T

7) Las nuevas tecnologías también permiten **el descubrimiento de nuevos artistas, de nuevos proyectos interesantes o de nuevas plataformas** con las que fomentar la creatividad de los alumnos.

Un ejemplo se puede observar con el fotógrafo Chema Madoz, Premio Nacional de Fotografía en el año 2000. Sus obras se caracterizan por tener diferentes lecturas y, sobre todo, por sorprender y descolocar a los espectadores. Pues bien, sus materiales han sido utilizados en un colegio de Lima por una profesora que pretendía demostrar a los alumnos que la creatividad no está condicionada por la abundancia de recursos ni la calidad de las cámaras utilizadas.[57]

Algunas de las obras de Chema Madoz

---

[57] Documental "Lo extraordinario dentro de lo cotidiano. El fotógrafo Chema Madoz: 'Regar lo escondido'". TVE. Referencia online: http://goo.gl/iFWKcQ

Errores de integración nuevas tecnologías en discursos educativos o impartidos por docentes

1) Negación total de posibilidad de cambio. Muchos docentes se aferran al modelo de enseñanza tradicional y aunque no se deben perder cualidades muy importantes de este tipo de enseñanza, la forma en sí de dar la clase tiene que cambiar necesariamente.

"Los profesores enseñan hoy exactamente igual que hace mil años". SEBASTIÁN THRUN, Cofundador de Udacity

---

2) Fuerte debate sobre el uso de las nuevas tecnologías en las aulas. No existe, sobre todo en los colegios e institutos, una creencia generalizada de que éstas puedan mejorar la calidad de la enseñanza de los alumnos. "No creer" equivale a "no intentarlo" y mucho menos a hacerlo con una actitud en la que realmente tenga cabida un resultado positivo. Frente a esta creencia, los profesores que apuestan por metodologías disruptivas sí están consiguiendo buenos resultados en sus aulas.

3) Clases magistrales y brecha metodológica: en el tema de la educación con otros modelos existe una brecha cada vez más amplia entre defensores y detractores. Por un lado, muchos profesores apoyados por las direcciones de colegios e institutos niegan abandonar el método tradicional de enseñanza y prohíben la entrada de tecnología a sus aulas. Por su parte, los defensores de las mismas trabajan en modelos disruptivos, muchas veces, al margen de las instituciones.

De todos ellos y aunque hay muchos profesores llevando a cabo proyectos realmente interesantes a través de las nuevas tecnologías, he querido destacar a Marta Ruiz Benito. Es la coordinadora de Proyecto iPad en Colegio la Miranda, y destaco su figura y su labor porque su integración en sus clases de las nuevas tecnologías parte de una premisa incuestionable para ella, un valor que yo también comparto: "Que la tecnología sea positiva para un niño, no significa que éste deje de aprender también a través de los métodos clásicos". Se trata de encontrar ese equilibrio que genere la mejor educación posible, que la tecnología complemente la enseñanza y sus métodos; no que los sustituya.

4) Escasa o nula atención a la vida posterior de una conferencia. ¿Cuántas veces has visto una conferencia online y solamente la cámara te ha mostrado al ponente sin hacer travelling o panorámicas al contenido multimedia al que el conferenciante se estaba refiriendo con sus palabras?

Ideas para un futuro. Discursos educativos o impartidos por docentes

1) Escuchar y analizar. Como acabo de comentar, cada vez son más las voces que defienden, con ejemplos y argumentos sólidos, la inclusión de las nuevas tecnologías en las aulas de colegios con un fin educativo.

Una de las primeras ideas para esta nueva forma de enseñar es, precisamente, la de escuchar las voces que alientan un cambio. Así se podrá analizar la situación actual y adoptar una postura de apertura al cambio.

Conocimiento Universal y gratuito[58]. Hoy en día, el conocimiento de un orador no mide su calidad como ponente. Tiene que ser capaz de llegar, remover mentes y hacer pensar a su auditorio.

"Es el fin de las clases magistrales, se inventaron en el siglo XVIII y es hora de actualizarse o morir"[59].

MARCOS GARASA, DIRECTOR PEDAGÓGICO DE INNOVASCHOOL

"Las tecnologías facilitan el aprendizaje, pero no lo garantizan. El papanatismo tecnológico puede ser tan nocivo como la carencia."[60]

---

[58] Udacity, Moocs... Plataformas que transforman el panorama educativo.
[59] "Los profesores deben dar un salto de fe hacia la tecnología". Eva Mosquera. El Mundo. 07/09/2015. Referencia online: http://goo.gl/ZzSWVA

Actualicemos el concepto de Educación y reiniciemos la escuela - Gustavo de Elorza (@gdeelorza)

"La escuela le declaró la guerra a los teléfonos móviles porque los profesores sienten que están compitiendo por la atención del alumno".

2) Enseñar a curar críticamente los contenidos. Algo esencial en la educación del futuro, tal y como señala María Acaso[61], a quien se considera una de las actuales líderes en España y Latino América dentro de la revolución educativa.

Según sus propias palabras: "Uno de los grandes retos de los profesores del siglo XXI no es tanto el de la preocupación por el contenido, sino que deberemos enseñar a curar críticamente los contenidos, a discernir qué contenido es bueno y cuál no de todos los que hay en la red".[62]

---

[60] "El ordenador solo no educa". El País. 16/09/2015. Referencia online: http://goo.gl/I2x5VC
[61] Web de María Acaso: www.mariaacaso.es
[62] Vídeo de María Acaso en SIMO Educación 2014. Referencia online: https://goo.gl/4Y0EP8 (a partir del minuto 11 del vídeo)

En el Siglo XXI no será tan importante el "Qué" como el "Cómo", cómo gestionar el conocimiento en el aula. MARÍA ACASO.

3) Formación para hablar público a todos los docentes. ¿Cuántas veces hemos oído la frase: "Este profesor sabe mucho pero no sabe transmitirlo"? Si estos profesores que tienen un gran conocimiento no aprenden a transmitir esa información y, en definitiva, no aprenden a comunicar, la desconexión de sus alumnos será casi completa.

"Los docentes deben ser capacitados en un modelo Neuro-Tecno-Pedagógico" GUSTAVO DE ELORZA FELDBORG.

Las nuevas tecnologías pueden conectar o desconectar a un estudiante en función de la calidad del ponente al que estén escuchando.

4) A lo largo de los próximos años se lanzarán nuevos **productos tecnológicos que ayudarán al profesor a tener las manos libres mientras realiza sus clases.** Esto contribuirá a un mayor uso de las manos, con las connotaciones de comunicación no verbal que esto supone para los alumnos.

Uno de los ejemplos podría ser Mycestro. Se trata de un anillo que puede sustituir el ratón del ordenador, un pequeño ratón de ordenador que se coloca en el dedo índice y que se controla moviendo los dedos[63]. Su uso favorecería la libertad de movimiento por parte del profesor y una mayor cercanía a los alumnos durante sus sesiones de clase.

5) Contenido multimedia en los dispositivos móviles de los alumnos. El profesor puede utilizar los móviles y tabletas de sus alumnos para que éstos vean en ellos cualquier tipo de contenido multimedia. Ésta puede ser una solución en las clases sin reproductores de vídeo o para actividades de equipo que requieran cierta privacidad en el visionado.

Los alumnos pueden conectarse a dicho contenido con sus móviles a través de códigos QR impresos en un papel o proyectados en la pared.

6) Uso de códigos QR para fomentar el trabajo en equipo. Gracias a ellos, el profesor puede conectar con sus alumnos y potenciar el trabajo en equipo con actividades que incluyan las nuevas tecnologías. Se trataría de juegos adaptados a las diferentes edades de un colegio y basadas en el objetivo concreto que se persiga. Por ejemplo:

---

[63] "¿Sustituirá un anillo al ratón del ordenador?". Rachel Metz. Noticias BBVA. 19/12/2014. Referencia online: http://goo.gl/9N6njv

- *Resolución de jeroglíficos*

- *Puzzle: cada código QR puede dar acceso a una parte de una imagen, los alumnos tendrán que trabajar en equipo para conseguir descubrir, uniendo sus móviles, de qué imagen se trata (juego aplicable a momentos históricos, cuadros...)*

- *Juegos que fomenten la memoria y asociación de conceptos. También el profesor puede trasladar el mítico juego de memoria para "encontrar parejas" con su análogo con códigos QR.*

7) Permitir a los alumnos que utilicen sus móviles en clases de idiomas. De este modo, se conseguiría una mayor interacción al permitirle a los estudiantes utilizar aplicaciones de traducción simultánea para descubrir alguna palabra cuyo significado o pronunciación desconozcan.

8) Explicar lecciones de geografía, ciencia o biología "tocando" dichas asignaturas y ver su evolución a través de **pantallas táctiles y aplicaciones de realidad aumentada** contribuirá a un aprendizaje más rápido del alumno. Al final, si un alumno interactúa con una asignatura deja de ser un mero espectador y dicha involucración genera no sólo un mayor recuerdo, sino un aprendizaje real más allá de ser un recurso nemotécnico la asignatura en cuestión.

9) También el uso de **aplicaciones de realidad aumentada en determinadas universidades como Medicina, Arquitectura, Ingeniería Medioambiental** o similares sería muy recomendable para un aprendizaje más sólido de cada materia y una aplicación más práctica.

10) ¿Y si ante los precios de los libros se utilizasen las nuevas tecnologías para ofrecer dicho **conocimiento a través de otras plataformas?**

11) ¿Y si debatimos con los alumnos de Primaria y Secundaria el uso de las nuevas tecnologías en clase? ¿Y si les integramos en este debate global y les enseñamos a argumentar ambas posturas?

12) Micro-revoluciones de María Acaso[64]. Reduvolution:

a) <u>Lo que los profesores enseñan, lo es lo que los alumnos aprenden</u>. El aprendizaje es cosa de tres, depende del profesor, del estudiante y del inconsciente. Así, Acaso diferencia la información del conocimiento, ya que en este último interfiere las experiencias propias, el conocimiento previo, habilidades personales como la creatividad...

b) <u>Los profesores no sólo deben parecer democráticos, sino serlo</u>. Esta micro-revolución está relacionada con la

---

[64] Vídeo de María Acaso en SIMO Educación 2014. Referencia online: https://goo.gl/4Y0EP8 (a partir del minuto 17 del vídeo).

libertad real del alumno de ser proactivo, proponer ideas y que éstas se lleven a cabo.

c) <u>No pensamos con la cabeza, pensamos con el cuerpo</u>. El aprendizaje se produce en mayor medida cuando el alumno se encuentra en un ambiente distendido y cómodo en vez de en el mobiliario de una clase tradicional. María Acaso propone recuperar para el aula los elementos y circunstancias que se generan en una reunión.

- Escuelas flexibles que se adaptan a la actividad realizada en cada clase.
- Slow education: Acaso defiende esta filosofía de educación: pocos contenidos y mucho tiempo para su desarrollo.
- La base de la neuroeducación dice que la durabilidad de un recuerdo depende del contexto de emoción en el que ese recuerdo ha sido creado. No se recuerda aquello que no se ha sentido.

d) <u>No quiero malgastar mi tiempo en estudiar, porque lo que quiero es aprender</u>. La escuela tiene que volver el aprendizaje pedagógico en experiencial.

- Pasar de lo descriptivo a lo narrativo.
- Trabajar con lo inesperado: humor, sorpresa...
- Incorporar las experiencias autobiográficas.
- Utilizar las imágenes y cualquier contenido visual.

e) <u>De una educación basada en la evaluación a una educación basada en el aprendizaje</u>.

Interesante conferencia de Ángel Lafuente

- *"Si no eres capaz de hablar en público, no eres libre"*

- *"Si dotamos del dominio de la palabra al pueblo, éste se convertirá en un conjunto de hombres y mujeres de libre pensamiento y de libre palabra".*

- *"Comunicar es que mis ideas y sentimientos pasen a tu mente y corazón".*

- *"Es falso que el orador nazca y no se haga. El orador se hace".*

8. Herramientas low cost: Neotelling para todos

¿Hay que ser rico para hacer Neotelling? No, en un discurso Neotelling prima, por encima de todo, la actitud Neotelling. Existen numerosas herramientas gratuitas o de bajo coste que nos permiten integrar las nuevas tecnologías en nuestros discursos sin que ello suponga un fuerte desembolso económico. Lo que sí necesitamos, inexorablemente, para hacer un discurso Neotelling es creatividad: en ideas y formas de comunicación.

Por supuesto, también hay muchas herramientas que permiten incluir acciones con tecnología realmente interesantes con presupuestos elevados. Se podría decir que cualquier ponente con actitud Neotelling, independientemente de su poder adquisitivo, puede realizar discursos Neotelling. Aunque, lógicamente y por norma general, cuanto más impactante sea la tecnología utilizada y tenga una mayor inversión -excepto con algunas ideas creativas-, más impacto tendrá en el auditorio.

A continuación se presentan diferentes herramientas que empresarios, políticos y profesores podrán incluir en sus próximas conferencias de un modo u otro. La idea creativa será clave en este proceso, ya que será ésta la que integre la herramienta en nuestro discurso, dándole sentido y justificando su presencia en el mismo.

No existen herramientas "buenas" o "malas", existen usos "adecuados" o "erróneos".

---

1) Power Point, Prezi... Un uso Neotelling de estas plataformas diferenciaría dos partes:

a. **Ejemplos de buena praxis.** Hace referencia a esas presentaciones visuales que recurren a estas plataformas para complementar –y no duplicar- la información verbal del ponente.

b. **Nuevas técnicas relacionadas con estas herramientas.**

- *Pecha Kucha: 20x20.* 20 diapositivas explicadas en 20 segundos cada una. El tiempo total de la conferencia es de 6 minutos y 40 segundos.

- *Charlas 24/7:* el ponente tiene 24 segundos para explicar una idea que posteriormente tendrá que resumir en 7 palabras.

- *Elevator Pitch.* ¿Y si usamos una imagen para completar esa llamada de atención en un tiempo récord? En este caso, que tengas preparada una imagen de impacto para finalizar esta conversación no significa que, necesariamente, tengas que usarla. En función de cómo fluya esta comunicación, decidirás si mostrarlo o no. Recuerda que una imagen aumenta el recuerdo de una idea.

- *Storytelling.* Las imágenes favorecerán el recuerdo de tu historia, convertirán tu discurso en un momento memorable y los espectadores se identificarán más con él.

- *¿Conferencia o workshop?* En función del formato de ponencia, la presentación deberá adaptarse y personalizarse a éste.

2) Creación códigos QR. Como a estas alturas ya sabrás, un código QR es cualquiera de las imágenes que tras su captura te han permitido acceder a contenido multimedia a lo largo de este libro.

Aunque la efectividad de estos códigos está altamente cuestionada y debatida por defensores y detractores, creo que el problema no reside en la herramienta, sino en el uso que se ha dado de ella en la mayor parte de los países.

Si este código se usa de una forma creativa y con un sentido que justifique que el usuario capture el código, la imagen QR será capturada y tendrá éxito la acción. En otro caso, el código QR no será efectivo. Existen numerosos casos de éxito y de fracaso que demuestran dicha idea.

Antes de usar un código QR en tu conferencia, piensa realmente qué contenido te interesa que tus espectadores guarden en sus móviles al terminar tu ponencia.

Existen muchas webs de creación de QR gratuitos. Y más allá de las versiones gratuitas, existen interesantes opciones de pago con las que aumentar el potencial de los códigos QR. Por ejemplo, la posibilidad de cambiar la url de destino una vez generado el código QR sin que el usuario perciba una redirección o un cambio de url.

3) Códigos Clic2c: se trata de códigos transparentes cuya función es igual a la de los códigos QR: trasladar al usuario a una url con contenido digital. La principal diferencia es la apariencia de éstos, al ser transparentes, no "manchan" el lugar donde aparecen y el soporte físico donde aparezcan es más limpio.

Sin embargo, frente a la gratuidad de los códigos QR en la mayor parte de los casos, los códigos Clic2c sí tienen un coste.

Son interesantes cuando el ponente tiene presupuesto para poder crearlos y quiere desarrollar ideas en las que pretenda que el espectador interactúe con un soporte físico pero que no se despiste con códigos visibles.

Por ejemplo, en una convención de medicina en la que el ponente presente la imagen de un cuerpo o un cuerpo ficticio en relieve. El ponente puede incluir códigos Clic2c con diferentes mensajes en dicho cuerpo y utilizar códigos transparentes para que el cuerpo esté limpio de códigos y que los alumnos presten atención a cada parte del cuerpo sin distracciones externas.

4) Uso de las pantallas existentes en la sala (convencionales, táctiles o multitouch). En esta ocasión, solamente podremos utilizar pantallas en aquellas salas donde ya previamente se hayan instalado. En el caso de que un ponente colocase sus propias pantallas en un auditorio que no las tuviese, la inversión se dispararía.

Me refiero a este gasto en pantallas como inversión porque considero que si un ponente "adquiere como propias determinadas pantallas" y las utiliza en sus diferentes conferencias, a la larga, el feedback positivo podría ser tan alto que llegase a compensar dicha acción. No obstante el número de discursos que tendría que ofrecer tendría que ser muy elevado.

Es importante recordar que si la sala dispone de diferentes pantallas, es más efectivo para el discurso Neotelling que cada una de ellas ofrezca un contenido diferente y siempre en armonía con el discurso verbal del ponente.

5) Móviles de los asistentes como herramienta Neotelling. Ésta es una tecnología con la que el ponente puede contar casi con total seguridad, ya que la mayor parte de sus asistentes, por no decir la totalidad de los mismos, tendrán un dispositivo móvil en su bolsillo o, probablemente, en su mano.

De hecho, cada vez son más los colegios, institutos y universidades que defienden la filosofía BYOD (Bring your own device). También conocida como BYOT, BYOP, BYOPC... Ésta defiende, precisamente, un modelo de interacción basado en que cada asistente traiga a la clase su propia tecnología, sus propios teléfonos móviles o su propio PC.

Una vez que los espectadores (bien sea en colegios u otros lugares) han traído sus dispositivos, el ponente tendrá que generar con ellos una experiencia de interacción que fomente el recuerdo y el aprendizaje.

6) Juegos interactivos: que la gamificación es una herramienta muy útil para captar la atención del público es un hecho casi incuestionable. Por ello, cada vez tiene un mayor valor en las ponencias, bien sea como un recurso para utilizar en la conferencia o bien como un entretenimiento a posteriori con el fin de que la ponencia sea más memorable.

Existen empresas como Adverway o Wonnova, entre otras, que ofrecen juegos con posibilidad de personalización desde 300€ O 695€ respectivamente. Un coste asequible siempre y cuando su uso no se restrinja a una única conferencia, sino que se publique en la web del ponente y ayude a aumentar el tráfico reincidente a dicha página. No obstante, este ejemplo de web de juegos es solamente una muestra, pero existen muchas más páginas similares con matices diferenciadores en función del objetivo buscado.

También hay muchas otras gratuitas de temática de diversa índole. ¿Una sopa de letras online en la que el primero que encuentre una palabra tenga premio? Kokolikoko.com, por ejemplo, es una de las muchas páginas webs que permiten desarrollan de manera gratuita sopas de letra.

7) Contenido multimedia: vídeos, podcasts... Sin duda, cualquier contenido multimedia, independiente de la plataforma donde se haya desarrollado será una herramienta con resultados positivos en los discursos Neotelling. Para su realización y elección conviene tener en cuenta la forma de comunicar en base a la tipología de personas de la PNL (auditivas, kinestésicas y visuales), eligiendo un contenido u otro en base a las necesidades que debamos cubrir.

8) Herramientas de visualización de datos. CartoDB[65] y Popplet. CartoDB es una de las plataformas más conocidas para convertir datos en claros gráficos y mapas. Resulta muy útil para explicar, de manera visual, una gran cantidad de temas en conferencias y clases.

Por su parte, Popplet[66] es una herramienta muy utilizada de visualización de mapas o árboles temáticos. Su uso engloba, principalmente, a profesores y alumnos en presentaciones educativas. No obstante, que su uso actual predomine en la educación, no significa que su utilización y ventajas sean exclusivas para este ámbito.

Son muchas las páginas que nos permiten convertir texto en imágenes, datos en gráficos e información en infografías[67]. Cada ponente deberá testear varias y elegir las más afines a sus necesidades, ya que herramientas hay muchas, pero el sentimiento de "esta es mi herramienta, con la que me siento cómodo y la que expresa mi estilo" es muy personal e individual.

9) Herramientas de interacción inmediata. Socrative[68] o Kahoot[69]. Se trata de plataformas de encuestas que permiten conocer la respuesta de los alumnos en tiempo real a través de ordenadores y dispositivos móviles. Aunque se utilizan habitualmente en colegios e institutos, también es interesante su uso en cualquier conferencia con el fin de saber qué conocimientos tiene nuestro auditorio sobre el tema que

---

[65] Web CartoDB: https://cartodb.com
[66] Web Popplet: https://popplet.com/
[67] Web para realizar infografías: https://infogr.am/
[68] Web Socrative: www.socrative.com
[69] Web Kahoot: https://kahoot.it

vamos a explicar. Estas encuestas pueden ser realizadas desde móvil, tablet o portátil.

10) Herramientas que facilitan el entrenamiento del discurso: teleprompter en el móvil[70], aplicación mobile para realizar tu propio elevator pitch… Se trata de aplicaciones que te ayuden en la fase de práctica del discurso.

También son muy útiles las que permiten grabarte y hacer vídeos que intercalen slides de diapositivas con tu voz. Esto lo permite, entre otras, Movenote[71].

11) Robots y cualquier objeto que pueda interactuar por sí sólo con el auditorio. Este tipo de recursos causan sorpresa, muchas veces ternura y siempre un mayor recuerdo. Empresas como Juguetrónica y Robotrónica (España)[72] disponen de robots educativos para la venta y, en ocasiones, colaboran en conferencias llevando sus robots para que interactúen con el público.

12) Pantallas de reconocimiento facial. Con ellas se pueden desarrollar diferentes ideas creativas, como, por ejemplo, la detección de la atención y entusiasmo de los asistentes ante la conferencia y su correspondiente visualización de los datos resultantes en una pantalla.

Por un lado, el ponente podrá valorar con un rápido vistazo si su auditorio está interesado y podrá reformular su discurso si no está teniendo buena acogida. Por otro lado, al

---

[70] "Prueba el teleprompter en el móvil". Clasesdeperiodismo.com. 12/09/2015. Referencia online: http://goo.gl/ponnUP
[71] Web de Movenote: https://www.movenote.com/
[72] Robotrónica (robotronica.com) es una división de Juguetrónica (juguetronica.com).

reflejar el estado de ánimo de los espectadores, éstos mismos mantendrían un mayor tiempo su atención de manera inconsciente con el fin de que el mapa de calor de emociones aumente su intensidad.

13) Probadores virtuales. ¿Por qué no hacer un probador virtual gigante para modificar alguna cualidad de los espectadores? Se podría utilizar, sobre todo, en conferencias de empresas, en lanzamiento de productos, en grandes proyectos debido a su elevado coste.

14) Convertir cualquier objeto en inteligente. Son muchas las empresas que intentan dar inteligencia y acciones especiales a cualquier objeto cotidiano y sin estas cualidades previas.

Por ejemplo, Intel ha creado "Intel Curie", que es un módulo con el tamaño de un botón que hace precisamente eso, convertir a cualquier objeto en "inteligente".[73]

Otro de los muchos ejemplos y startups que están naciendo con interesantes iniciativas relacionadas con este tema es el teléfono modular de RePhone, una propuesta publicada en Kickstarter[74]. Además, se trata de una iniciativa asequible a todos los bolsillos y con interesantes aplicaciones en conferencias y clases (a partir de 16 dólares).

---

[73] "Intel Curie es un módulo con el tamaño de un botón que convierte a cualquier objeto en 'inteligente'". Xataka. 07/01/2015. Referencia online: http://goo.gl/V4A2sG
[74] Proyecto "RePhone Kit" en la web Kickstarter. Referencia online: https://goo.gl/pz5GSh

RePhone: vídeo resumen del proyecto

15) Realidad aumentada: se trata de una tecnología con un coste más elevado, pero, sin duda, causa una gran impresión a los espectadores a los que se le sorprende con ella.

16) Herramientas para la educación del futuro. Los profesores pueden seguir interesantes iniciativas que tratan sobre cómo la educación debe reinventarse e integrar en sus clases las ideas que más útiles les resulten. Plataformas como *Innova School*[75], *We Learning*[76], la *Fundación Promete*[77], Teachers Pay Teachers[78], *Khan Academy*[79], *Fishtree*[80], Educaplay[81] y otras muchas recogidas en SIMO Educación[82]...

---

[75] Web de Innova School: www.innovaschool.es - @InnovaSchool_es
[76] Web de We Learning: www.welearning.es - @welearning_es
[77] Web de Fundación Promete: www.promete.org - @promete_org
[78] Web de Teachers Pay Teachers: www.teacherspayteachers.com - @TpTdotcom
[79] Web de Khan Academy: https://es.khanacademy.org/ - @khanacademy
[80] Web de Fishtree: https://www.fishtree.com/ - @fishtree_edu
[81] Web de Educaplay: http://www.educaplay.com/ - @EDUCAPLAY
[82] RRSS SIMO Educación: http://goo.gl/HDUqS3 - @SIMOEducacion15

En mi opinión, no se debe utilizar una u otra tecnología porque "cause sensación" en los espectadores, sino porque realmente el uso de ésta fomente, de algún modo, que sea más clara la explicación del tema tratado.

El objetivo principal del uso de estas tecnologías es el de clarificar la comunicación; el de transmitir mensajes complejos a través de formas sencillas que los simplifiquen; el de facilitar una atención constante y un entendimiento mayor.

En el ámbito de la educación no sólo está cambiando la manera de comunicar, también la manera de enseñar como he mostrado a lo largo del libro. Existe una revolución de cambio educativo muy fuerte a nivel mundial, un cambio desde la estructura y la base cuyo objetivo es recuperar el interés por el aprendizaje y dejar atrás la "transferencia de conocimiento memorizado para una fecha, la del examen".

17) La creatividad como herramienta. Muchas veces buscamos herramientas externas cuando lo que necesitamos es fomentar nuestra creatividad para ver oportunidades diferentes y alternativas Neotelling en cualquier sala de conferencia.

La creatividad es esencial en este proceso para mirar y ver, para descubrir e inventar allí donde ya haya tecnología y también en los lugares que no dispongan aún de ella.[83]

---

[83] Lectura recomendada para fomentar la creatividad: "10 apps que harán brotar su creatividad a borbotones". Referencia online: http://goo.gl/IHdn3E

9. Neotelling como facilitador de interacciones

Las nuevas tecnologías no sólo ayudan a que la comprensión de un mensaje en un discurso sea mayor, también son las responsables de que se produzca, en muchas ocasiones, una comunicación entre emisor y receptor que de otro modo sería muy difícil e, incluso, imposible.

En este capítulo mencionaré dos situaciones en las que, gracias a las nuevas tecnologías, es posible realizar un discurso. Éstas también forman parte de lo que se podría conocer como una comunicación Neotelling.

1. Discursos multilingües.
2. Neotelling aplicado a personas con alguna discapacidad sensorial.

1. Discursos multilingües

Plataformas como Skype permiten que dos personas que no hablan el mismo idioma puedan comunicarse usando su traductor instantáneo.

Esta herramienta se podría usar también en clases online dirigidas a personas que no entendiesen el idioma del emisor o en pequeños discursos entre empresas que no tienen un idioma común para expresarse.

Skype Translator: demo con niños

Consideraciones previas ante los discursos multilingües

Resultan evidentes las ventajas que este tipo de herramientas suponen: hacen posible la comunicación verbal en situaciones en las que de otro modo no existiría interacción alguna.

No sólo comunicamos con la palabra, también con la comunicación no verbal como hemos visto a lo largo del libro. Pero es cierto, que sin la palabra (expresada de la forma que sea), no tenemos un contenido principal al que adherir esa comunicación no verbal.

a) Tenemos que ser conscientes cuando utilizamos este tipo de herramientas, que la traducción la realiza un robot. Por lo que, ¿dónde queda lo que transmitimos con nuestra propia voz? ¿Cómo se puede adaptar el paralenguaje a esta situación?

b) Aunque herramientas como Skype Translator mejorarán su instantaneidad con el paso del tiempo, es muy difícil que logren una traducción instantánea que encaje con los gestos realizados por el emisor en el momento en el que pronuncia cada frase. El receptor será el responsable de asociar los gestos previos a la traducción de la herramienta.

c) La duración de este tipo de interacciones deberá ser la mínima e indispensable, debido a que el esfuerzo realizado en la escucha por ambos participantes es mayor. La experiencia del usuario será menos gratificante que la comunicación "cara a cara" o en un idioma que ambos interlocutores comprendan. Por este motivo, la atención disminuirá antes y el cansancio se acusará en un menor tiempo.

d) Además, deberemos tener en cuenta pequeños detalles como:

- El discurso contará con un mayor número de pausas.

- La cantidad de palabras por minuto también deberá ser menor.

- Se aumentarán los impactos visuales con el fin de captar la atención.

- Se trabajarán más los gestos y la mirada para transmitir con ellos la gran cantidad de información que se pierde con la ausencia de la voz del ponente.

- Hasta que las herramientas se perfeccionen, el emisor tendrá que realizar un mayor esfuerzo en su dicción o vocalización. Resulta imprescindible que el traductor automático reconozca ese sonido y lo interprete de manera correcta.

Aún con todas las mejoras que se tienen que realizar en los discursos multilingües, aún con toda la información que se pierde en comunicación no verbal y aún con el valor del esfuerzo que disminuye con la existencia de estas herramientas: creo que, sin duda alguna, la magia de poder hablar con cualquier persona, independientemente de su origen, compensa todo lo anterior.

2. Neotelling aplicado a personas con algún tipo de discapacidad sensorial.

Cuando pensamos en un evento accesible a cualquier persona, normalmente nos acordamos de "accesos accesibles", de que, por ejemplo, no haya obstáculos que dificulten el paso de sillas de ruedas. Y, en algún caso, pensamos en la necesidad de contar con alguien capaz de transmitir el discurso del evento a personas sordas a través de la Lengua de Signos.

Pero nunca pensamos, o, al menos, no de una forma tan generalizada, en cómo hacer ese evento accesible para personas ciegas, sordas, mudas o con cualquier discapacidad sensorial.

Lo mismo ocurre cuando planteamos una conferencia. ¿Habías oído hablar antes de las "conferencias accesibles"? Yo no. Con este capítulo me he acercado a un mundo que desde el punto de vista comunicativo podría dar lugar a un libro entero; a un mundo desconocido para muchos y también para mí, en el que las inexactitudes en el lenguaje utilizado son difíciles de detectar para una persona inexperta en el mismo como yo; un mundo en el que las nuevas tecnologías generan un sinfín de posibilidades con el fin de que cualquier evento o ponencia sea realmente accesible para la mayor parte de las personas.

"La tecnología es sólo una herramienta. Las personas le damos un propósito".[84] #tech4people

Las personas con alguna discapacidad sensorial también tienen mucho que decir. Si son ponentes...

Ponentes que se expresan sólo a través de la Lengua de Signos:

- Si son ponentes online o *youtubers*, los subtítulos ayudarán a los espectadores que no conozcan la Lengua de Signos a entender y seguir el contenido de la conferencia.

- Si éstos se encuentran en un espacio físico, se podrán utilizar las pantallas de la sala para mostrar en subtítulos la traducción de la conferencia.

- También se podrá recurrir a una voz que off que interprete los signos del ponente y los convierta en sonido.

Ponentes invidentes:

- En este caso, el modo de expresión sería la palabra y los gestos, y donde habría que reforzar al ponente sería en el ámbito de la proxémica.

- Para ayudarle a moverse por el espacio, se puede recurrir a las nuevas tecnologías o, simplemente, delimitar precisamente con él unos parámetros que le ayuden a ubicarse en el espacio.

---

[84] Cita extraída del documental "Touchable Memories". Referencia online: https://goo.gl/4tpoq8

Y también tienen ganas de aprender, participar y acudir a cualquier conferencia o clase. Si son espectadores...

A la hora de organizar conferencias o discursos políticos abiertos, es decir, donde no se conoce a los asistentes, se deberá tener en cuenta la presencia tanto de espectadores oyentes como espectadores sordos o cualquier asistente con otro tipo de discapacidad sensorial. Desde el punto de vista comunicativo:

- En la medida que se pueda, las conferencias deberán contar con intérpretes en Lengua de Signos para traducir la conferencia.

Lengua de Signos en evento en directo y con un destacado lugar también en el vídeo fruto de dicho evento.

- En los próximos años o décadas, en función de la velocidad de mejora y difusión, se podría contar con herramientas que traduzcan la voz y la conviertan, automáticamente, en lengua de signos.

- Si se incluye algún espectáculo de música, sería aconsejable que también se estimulase a las personas sordas con iniciativas como "Música para los ojos"[85].

- Con el fin de integrar a las personas ciegas, el nivel de descripción en las imágenes expuestas más importantes deberá ser más minucioso.

Esta inclusión de cualquier persona como emisor y receptor de un discurso también supone mejorar la comunicación global gracias a las experiencias de personas con alguna discapacidad sensorial. La compositora Tamela Hedström cuenta en sus conferencias cómo inscribirse en una escuela para personas sordas le hizo apreciar y valorar la comunicación con gestos, donde, asegura, se transmitía una mayor calidez y cercanía.[86]

Si algo permiten las nuevas tecnologías es, precisamente, dar más oportunidades a aquellos que más dificultades tenían hasta ahora para expresarse. En busca de esta inclusión real, las nuevas tecnologías nos permitirán saber "cómo hacerlo". Solamente nos quedaría a los organizadores de las conferencias y clases buscar el qué se necesita y quién lo demanda.

---

[85] Podrás ver dos ejemplos de este tipo de actividades capturando el código QR correspondiente de la siguiente página.
[86] Conferencia en TEDxLincolnSchool. Tamela Hedström, "El viaje de tu vida". Referencia online: https://goo.gl/67F7W9

¡Momento relax! Historias que inspiran

Un pueblo aprende Lengua de Signos | Kinect – reconocimiento Lengua de Signos

App. que detecta sonrisas (Listerine) | Ecografías 3D – personas invidentes (Huggies)

Música para los ojos ("Rozalén" y "Seña y Verbo") | Nuevas investigaciones

Reflexión de una persona sorda sobre su futuro | "Smart Assist System for Blind People"

10. Legalidad y Neotelling: principios básicos

Aunque la mayor parte de las ideas que has leído hasta el momento y las que se te pueden haber ocurrido a ti mientras lo hacías sí se pueden llevar a cabo; existen otras que por la legislación actual en los diferentes países, no se podrían llevar a cabo a corto plazo.

"Una actitud Neotelling lo puede todo, pero tiene que adaptarse a la ley actual y reconducir sus posibilidades"

A continuación he rescatado algunas de las leyes que condicionan el uso de las nuevas tecnologías en los discursos Neotelling, sobre todo, en el ámbito político.

Principales leyes en España

1) **Reglamento de las Cortes (1982): ¿prohibición del WiFi en el Parlamento?** Antoni Gutiérrez Rubí destaca este hecho en uno de sus artículos donde defiende el acceso al uso de ordenador, WiFi y otros dispositivos en las sesiones parlamentarias. En dicho artículo señala: "El Parlamento es el templo de la palabra política, y el atril, su púlpito. Pero necesitamos incorporar más tecnología en

la oratoria parlamentaria para poder presentar visualizaciones, gráficas, infografías, datos y conexiones en directo a Internet para disponer de más recursos visuales que hagan más útil, comprensible y dinámica la vida parlamentaria".[87]

Actualmente y según el Congreso de los Diputados, en éste no hay ningún tipo de prohibición en el uso de WiFi. Además, añaden, que hay disponible una red WiFi disponible en todos los edificios parlamentarios.

2) Política de cookies[88]. Esta ley influye más en el momento "post-discurso" que en el discurso Neotelling en sí. Ya que se trata de una ley que obliga a las webs que recogen datos de los usuarios que las visitan –prácticamente todas- a indicarlo visualmente a través de un mensaje claro de aviso.

En este caso, esta ley solamente condiciona dicha advertencia en la página a la que queramos guiar a nuestro espectador durante la conferencia o después de la misma. Sin embargo, no impide el desarrollo de ninguna idea.

3) Ley de Propiedad Intelectual (LPI). Con el fin de evitar sanciones, el orador deberá conocer las últimas reformas de dicha ley y así conocer qué puede hacer y qué durante su conferencia y resumen posterior en la red.

Esta ley es importante, sobre todo, para los profesores y ponentes que utilicen contenido online en sus conferencias.

---

[87] "Rajoy, Google Glass y la realidad aumentada". Antoni Gutiérrez-Rubí. 26/12/2013. Referencia online: http://goo.gl/Sx8eje
[88] Web que recoge dicha ley: www.politicadecookies.com

4) Prohibición del uso de móviles en los colegios. De todas las leyes anteriores, probablemente las relacionadas con este tema sean las que antes se cambien o modifiquen. Quizá sean las más fáciles de cambiar en forma, pero... ¿queremos cambiarlas?

• Real Decreto 732/1995, de 5 de mayo, sobre los derechos, deberes y normas de convivencia de los alumnos de centros sostenidos con fondos públicos[89]: no hace alusión al uso del móvil en clase o prohibición del mismo.

Algunas voces[90] aluden al siguiente párrafo de dicho Decreto para entender que sí está prohibido el uso de móviles en clase. Éste, prohíbe, "cualquier comportamiento que altere el ritmo de la clase o moleste al resto de los compañeros". Pues bien, en mi opinión, quienes aluden a esta parte como "entendimiento" de dicha prohibición nacional, están realizando una afirmación un tanto peligrosa: "quien usa el móvil molesta en clase y el móvil sólo sirve para perturbar el orden de la misma". ¿Y si a través del móvil no se molesta, sino que se aprende? ¿Y si se usa como recurso amigo en vez de como enemigo?

• Madrid, Valencia y Cataluña han regulado no usar móviles en los colegios.

• Otras autonomías, como el País Vasco y Castilla y León, dejan la decisión en manos de los propios centros.

• Castilla La Mancha ha prohibido su uso en cualquier escuela e instituto de la comunidad autónoma.[91]

---

[89] Real Decreto 732/1995, de 5 de mayo... Referencia online: http://goo.gl/7UyWf3
[90] "En España falta una ley nacional". M. J. Pérez-Barco. ABC. 27/05/2012. Referencia online: http://goo.gl/dAQ99K
[91] "Prohíben los móviles en los institutos y colegios de Castilla-La Mancha". David G. Bolaños. Cinco Días. 25/11/2014. Referencia online: http://goo.gl/ol5c3t

• La Xunta de Galicia destaca por permitir el uso de móviles con fines educativos. La "Lei de Convivencia e Participación da Comunidade Educativa", vigente desde el año 2011, prohibía con carácter general el uso de teléfonos móviles y otros aparatos electrónicos, como las tabletas o los ebooks en horario lectivo. La nueva normativa permite ahora su uso como herramienta pedagógica, especialmente a partir de la implantación del libro digital.[92]

"¿Sabías que hace décadas el uso de la calculadora en el colegio también fue debatido? De estar prohibidas en clase, pasaron a utilizarse para aprender"[93]

Si eres un ponente Neotelling internacional..., algunas leyes que podrían condicionar tu discurso

1) Prohibición del uso de ordenadores en el parlamento de algunos países. Por ejemplo, en el Parlamento de Kiel se prohibió el uso de ordenadores en el mismo y el Partido Pirata alemán acudió a las reuniones del pleno con máquinas de escribir en señal de protesta.[94]

---

[92] "La Xunta permitirá el uso del móvil en los colegios solo si es con una finalidad pedagógica". Domingos Sampedro. La Voz de Galicia. 09/01/2015. Referencia online: http://goo.gl/2BZXOR
[93] "Siete razones por las que se debe encender el móvil en clase". Susana Pérez De Pablos. El País. 23/02/2015. Referencia online: http://goo.gl/OA8Tu8
[94] "El Partido Pirata se lleva la máquina de escribir al parlamento como protesta por la prohibición de usar portátiles". Daniel Civantos. La Información. 26/09/2012. Referencia online: http://goo.gl/3HRLxP

2) Prohibición del uso de móviles en los colegios. Al igual que ocurre en España, en el resto de países del mundo también existe el debate sobre la prohibición del uso de los móviles o el permiso de la utilización de éste. Cuando un profesor acuda a ofrecer una conferencia a cualquier país diferente al suyo en el que no conozca las reglas del estado y del centro, deberá asegurarse de que los asistentes podrán utilizar el móvil si el ponente así lo necesitase.

3) ¿Prohibición de volar con drones? Simplemente he recogido esta duda que ahora se debate sobre la prohibición o no de volar con drones en exteriores (en principio existiría, al menos de momento, tal prohibición) para transmitir una idea muy clara en cuanto al uso de la tecnología. Cada país regula el uso de la tecnología (drones, robots...) de un modo u otro y en un tiempo determinado. Que exista una prohibición actualmente, no significa que sea la misma en los diferentes países y que ésta no pueda cambiar en el tiempo.

Por todo ello y porque no vamos a conocer al 100% todas las leyes internacionales sobre el uso de cada dispositivo, yo sugiero que el ponente piense ideas y posibilidades Neotelling en su conferencia y antes de llevarlas a cabo y desarrollarlas en su discurso, consulte con los organizadores de dicha conferencia la viabilidad de las mismas.

Interesante conferencia de Marta Peirano

"¿Por qué me vigilan, si no soy nadie?"

11.   La otra cara de la moneda digital

Un 45% de la población mundial está conectada. Un 55% no.[95]

En España, la brecha de género en el acceso a las nuevas tecnologías en franjas superiores a los 55 años ha aumentado desde 2011.[96]

Austria, Portugal e Italia son los países de la UE que tienen una mayor brecha de género, duplicando a la española.[97]

61 países tienen un riesgo potencialmente alto de sufrir un apagón de la red (Siria, Cuba, Barbados, Túnez, Chad...)[98]

Nomofobia, anti-techie... Grupos ajenos a la tecnología.

Cuando hablamos de comunicación digital, discursos Neotelling y estrategias con nuevas tecnologías:
¿A quiénes y a cuántos dejamos atrás?
¿Les dejamos realmente atrás con los discursos Neotelling?

---

[95]   Internet World Stats. 2015. Referencia online: http://goo.gl/RRIEP5
[96]   Encuesta sobre Equipamiento y Uso de Tecnologías de la Información y Comunicación en los Hogares. Instituto Nacional de Estadística. 2014. España.
[97]   Ídem.
[98]   "Renesys "pinta de verde" los países que lo tienen más fácil para desconectar internet". David Ballota. Genbeta. 11/12/2012. Referencia online: http://goo.gl/eP3sRj

Cuando un ponente va a hablar ante un auditorio le tiene que venir a la mente, casi por defecto y por encima de otro tipo de preguntas, la siguiente incertidumbre: "¿Cómo serán las personas que me escuchen y qué esperan de mi conferencia?".

El objetivo principal de un discurso Neotelling es el de hacer más comprensible un mensaje con la integración de nuevas tecnologías. Pues bien, si valoramos datos y estudios como los que encabezan este capítulo y tenemos en cuenta que cada auditorio se compone de personas muy diferentes entre sí, la necesidad de conocer a nuestros espectadores antes de subirnos al escenario es bastante importante.

Conocer datos básicos de quien escucha nos hará adaptar nuestro mensaje y ofrecer el contenido de una forma u otra. La conexión o ausencia de la misma por parte del auditorio afectará, sobre todo, a la hora de proponer juegos de interacción tecnológica con el público y difusión en las redes sociales. En términos de recepción, el ponente podrá seguir usando las nuevas tecnologías más o menos de la misma forma.

Que una persona se encuentre más o menos conectada no significa que no sea capaz de recibir estímulos desde soportes tecnológicos.

Que Internet es el presente y que supone el agua para una población sedienta de cambios es algo que parece incuestionable y que gran parte de los países pretenden contribuir a reducir la brecha digital y la brecha de género es algo que, al menos en el papel, supone una firme defensa.

Según la previsión de Marc Prensky, escritor estadounidense conocido por su trabajo en el área de la educación y la enseñanza, en 2020 todas las personas en todo el mundo estarán conectadas a la AORTA (Acceso Siempre en Tiempo Real)[99]. Prensky predice un futuro en el que las personas tendrán, constantemente, acceso a la información y a las noticias en cualquier lugar del planeta.[100]

Mientras, la Estrategia Europa 2020, por ejemplo, propone tres prioridades muy relacionadas con este tema para los próximos años: crecimiento inteligente, sostenible e integrador.

El crecimiento inteligente implica el desarrollo de una economía basada en el conocimiento y la innovación como impulsores del crecimiento del futuro. Promueven iniciativas de alfabetización digital y accesibilidad.

En un mundo de constante cambio, existe una fuerte intención por parte de las instituciones públicas y asociaciones independientes por dejar atrás a la menor cantidad de gente posible. Aún eso, es cierto que habrá parte de la población mundial que no tendrá acceso a dichas tecnología. Esto supondrá un fuerte impacto además de en conferencias (fácilmente subsanable con el poder de la voz y la palabra), en la vida en general de estas personas y el acceso a la cultura online que tanto puede contribuir al desarrollo personal y profesional de cualquier individuo.

Aunque probablemente éste sea uno de los capítulos más reflexivos y menos relacionados con el tema principal del libro, he querido plasmar este pedazo de realidad que condicionará,

---

[99] Término acuñado por Mark Anderson, director de Strategic News Service y especialista en noticias de tecnología.

inexorablemente, el futuro global, y que de manera indirecta también influye en el desarrollo de esa comunicación con nuevas tecnologías sobre la que estamos escribiendo.

También me gustaría lanzar una oda a todas las personas no nativas en términos digitales porque, en mi opinión, están realizando un esfuerzo enorme por integrar en sus vidas las nuevas tecnologías. Para mí, los verdaderos "héroes digitales" son ellos, una generación educada en el esfuerzo y en el sacrificio que no sólo ha superado momentos difíciles económicamente, culturalmente y en términos políticos, también han sabido continuar adaptándose a la vida cuando todo parecía indicar que ya habían encontrado una estabilidad. Llegaban los smartphones, las tabletas… y aplicaciones tan populares como Whatsapp, Skype… Ante ellas, esta generación tenía dos opciones: o eran incapaces de adaptarse a ellas, un sentimiento basado en la "negación del uso" y no en una incapacidad real; o bien comenzaban a usarlas y se acercaban de este modo un poco más a sus familiares más jóvenes.

Poco a poco, la opción elegida siempre ha sido la segunda, incluso en quienes a priori negaban su uso "por si se rompía" la nueva tecnología de turno.

Pues bien, me parece admirable esta adaptación al cambio: por la intención de hacerlo y por el logro de consecución del mismo. Dicen que la pasión mueve montañas, y que las creencias están por encima de las posibilidades, pues bien, me he dado cuenta de que esta generación de "héroes digitales" lo es gracias a sus emociones y pasiones.

---

[100] "Nativos digitales: ¿Quiénes son y qué significa?". CNN en Español. 25/01/2013.

Unos padres que se adaptan al mundo conectado no sólo lo hacen para hablar con sus amigos. Creo que, en el fondo, lo hacen, simplemente, para acercarse a sus hijos.

Unos abuelos que aprenden a usar Skype lo hacen, principalmente, para hablar con sus nietos que están fuera de sus países de origen.

En el fondo, ese aprendizaje viene dado por la necesidad de mantener la comunicación, el contacto, la relación.

Todas estas razones tan emocionales y poco racionales creo que han sido el pilar fundamental para que esta generación no nativa digitalmente se suba al carro de personas conectadas y contribuyan a hacer más fina cada vez la famosa "brecha digital".

"No vivimos por posibilidades, vivimos por creencias. Hacemos porque creemos que podemos, no porque sepamos que podemos". ÁLEX ROVIRA, La Educación del Ser

---

Puede ser que esta generación no haya nacido con un chip digital en su cerebro, pero está demostrando que se han adaptado al cambio de una forma que no sé si nuestra generación será capaz de hacer.

Referencia online: http://goo.gl/74kEml

Tras reflexionar sobre la "generación del esfuerzo y del sacrificio", a quienes yo denomino los "héroes digitales", he valorado también brevemente la generación de "nativos digitales" y su futura adaptación al cambio.

Aunque no soy partidaria de comparar generaciones y englobar a personas en "bolsas de características similares" porque creo en la definición de persona como ser individual y no como etiqueta social, me refiero a generaciones en términos globales para explicar la siguiente idea.

La generación de "nativos digitales"[101] es la Generación Z. Se trata de una generación nacida con las nuevas tecnologías y capaz de controlar hasta 5 pantallas a la vez. Son hijos de la "inmediatez" y es precisamente este factor el que me genera la duda de cómo actuarán y cómo se adaptarán ante las futuras tecnologías. Ya que lo que está claro es que el ascenso de la curva que relaciona "novedades tecnológicas" con "el tiempo de fabricación necesario entre una y otra" es ahora más pequeño que nunca, generando así la curva más acusada hasta el momento. Es cierto que una de las cualidades de este grupo es la fácil adaptación al cambio, pero ¿también reaccionarán del mismo modo ante un obstáculo de adaptación tecnológica?

---

[101] Término acuñado por el autor estadounidense Marc Prensky en 2001.

¿Cómo reaccionará la generación del "ya" cuando se encuentre con un obstáculo de adaptación tecnológica?

"La mente que se abre a una nueva idea, jamás volverá a su tamaño original" ALBERT EINSTEIN.

Sin pretender con esta idea realizar un listado de la nueva tecnología que en las próximas décadas o el próximo siglo llegará, lo cierto es que la evolución tecnológica caminará por senderos ya conocidos y explotará otros muchos completamente distintos. Probablemente, por vías hasta ahora inimaginables para muchos.

Será en ese momento cuando la "adaptación" atribuida como cualidad a la Generación Z tenga la oportunidad de su máxima expresión. Y es en ese punto en el que resurge mi duda sobre cómo la generación de la inmediatez se adaptará en su época adulta a instrumentos completamente desconocidos para ellos. Veo claro que se adaptarán pero mi duda reside en el "cómo", en la forma en la que se adaptarán a estos cambios.

12.   Y ahora, ¿qué?

Después de 33.192 palabras escritas, 4.686 líneas de texto plasmadas y 1.000 párrafos desarrollados, creo que mi conclusión principal es que si el buen uso de **la palabra** y el paralenguaje era fundamental en un discurso tradicional, **en un discurso Neotelling se convierte en un aspecto crucial.**

"Nuestra voz es nuestra tarjeta de visita". MARTA PINILLA.

Un orador no puede permitirse no controlar su voz ni cómo proyecta su mensaje. De igual modo ocurre con el resto de parámetros que abrían este libro en boca de Albert Mehrabian: además del paralenguaje, el control de los gestos (kinésica) y del espacio (proxémica) es tan importante en un discurso Neotelling como lo es el tema tratado en cada conferencia.

Esta primera conclusión se une con la segunda que, en cierto modo, confirma la hipótesis con la que partía en este libro: la forma de comunicar ha cambiado y los discursos de empresarios, docentes y políticos no puede continuar del mismo modo. **Ha nacido una nueva forma de contar cada tema.**

En esta conclusión el nombre es lo de menos, bien se trate de comunicación Neotelling o de comunicación que integre las nuevas tecnologías sin aludir al *naming*, lo verdaderamente importante es reconocer que la forma de comunicar tradicional ya no es efectiva, que se necesita apostar por una nueva comunicación integradora con las nuevas tecnologías bajo el liderazgo siempre de la voz y la palabra.

Esta nueva forma de comunicar excluye el "oportunismo" como ya has podido leer en páginas anteriores. El uso de las nuevas tecnologías en cada discurso dependerá de cómo éstas puedan ayudar a clarificar cada argumento explicado en la conferencia. No utilizaremos siempre las mismas tecnologías ni del mismo modo porque nuestros objetivos y necesidades no serán iguales en todos nuestros discursos.

"Tecnología como clarificadora de discursos, no como una atribución trendy al ponente". #Neotelling

En este punto llegamos a la tercera conclusión que me ha brindado escribir este libro. **Las herramientas no son buenas o malas, el uso que se da de ellas es correcto o incorrecto, funciona o no funciona.** En muchas ocasiones determinamos la validez de una herramienta por los resultados que ha tenido sin juzgar si el uso que se hizo de ésta fue apropiado para aquel determinado contexto o si las veces en las que se ha recurrido a dicha herramienta era efectivo hacerlo.

Probablemente habrás escuchado, entre otras, la frase: "Los códigos QR no funcionan", y al margen de que sea un icono con mayor o penetración en cada país, lo cierto es que es criticable su uso, no la herramienta en sí. El uso de éstos en conferencias y soportes físicos no ha sido el más adecuado y no siempre se ha mostrado un mensaje atractivo ni una recompensa seductora tras la captura de dicho código. Por ejemplo, que un libro como éste tenga una vida más allá del papel y pueda complementar su contenido escrito con contenido multimedia a mí me parece interesante como uso para los códigos QR, pero puede que solamente lo crea yo así. Además de interesarme tu opinión y agradecerte que me la hagas llegar a través del siguiente código, también tienes que saber que si este uso no es relevante para que la comunicación de este libro sea más efectiva, la responsabilidad recaerá en mi idea y no en el código QR como herramienta de conexión entre el mundo físico y el online.

¿Te ha parecido interesante el uso de códigos QR en este libro? Contesta capturando el siguiente código:

Saber utilizar las nuevas tecnologías y saber integrarlas en un discurso requiere, precisamente, saber cuándo incluirlas y cuándo prescindir de ellas.

Mi cuarta conclusión reside en el uso de un término. **"Inclusión" de nuevas tecnologías en vez de "integración" de las mismas en un discurso.** A esta conclusión he llegado después de escribir el libro y volver a ver un gráfico visual con la diferencia entre los siguientes términos: exclusión, segregación, integración e inclusión. A continuación, he ilustrado un gráfico similar con la misma idea.

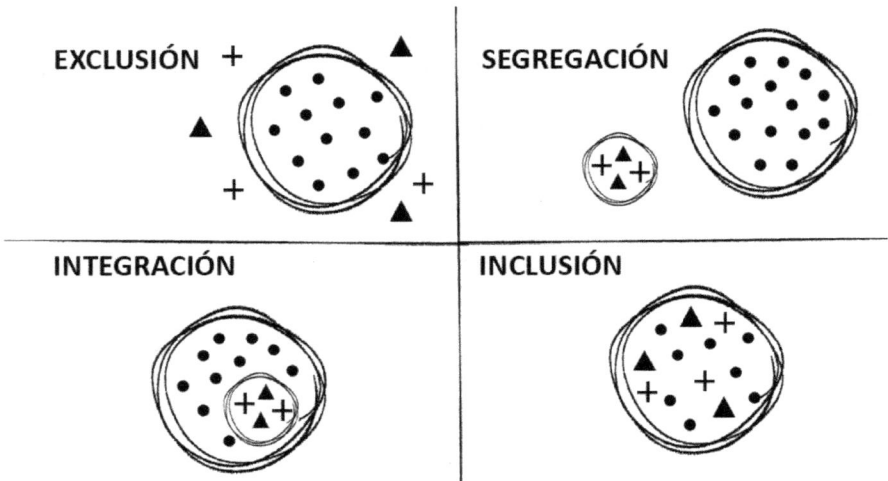

A lo largo del libro he utilizado en un sinfín de ocasiones la palabra "integración" y todas sus variantes, cuando, en realidad y llegando a esta conclusión, el término más preciso para expresar mi idea era el de "inclusión".

El objetivo de las nuevas tecnologías en el discurso es el de clarificar la idea expresada y la forma de hacerlo es incluir las nuevas tecnologías en el discurso de una forma natural y cohesionada al resto de elementos tradicionales.

Una de las ideas en las he hecho especial hincapié a lo largo del libro estaría representada, precisamente y tras ver este gráfico, en la diferencia entre "integración" e "inclusión". Mientras que un discurso Neotelling defiende la idea de incluir las nuevas tecnologías en el discurso a lo largo del mismo y de una manera fusionada con el resto de elementos; un discurso no Neotelling reflejaría lo que muestra la "integración" del gráfico: el uso de nuevas tecnologías como moda o tendencia más que como un sentimiento real y un uso aislado de las nuevas tecnologías en un momento puntual de la conferencia.

Esta conclusión de términos ilustra visualmente una idea, pero con ella tampoco pretendo que no se vuelva a usar el término de "integración" de nuevas tecnologías en un discurso. Yo misma he usado el verbo "integrar" a lo largo de este libro y aunque en una revisión final podría haber sustituido dicha palabra por "inclusión", prefiero dejar plasmada la conclusión como tal ya que ha sido una consecuencia de la redacción de este libro y, por tanto, me gustaría dejar escritas aquellas palabras que dieron lugar a dicha conclusión.

"La irrupción de las nuevas tecnologías nos obliga a educar a los niños de forma distinta". HOWARD GARDNER

La siguiente conclusión la quiero hacer en forma de confesión y es que si tuviera que elegir uno de los tres ámbitos analizados por la sorpresa que me ha causado al investigar sobre cómo se comunica con nuevas tecnologías en Política, Empresa e Instituciones educativas, elegiría, sin lugar a dudas, éste último. **La educación es, de los tres sectores estudiados, el que mejor ha entendido que la forma de enseñar ha cambiado**

y son muchos los profesores que han comenzado su particular revolución.

Sinceramente, creo que no he recogido en este libro ni una décima parte de los interesantes proyectos que se están llevando a cabo en el mundo educativo. Son muchísimas las personas que, apoyadazas por el centro educativo o de manera independiente, están defendiendo otros modelos educativos y, con ellos, la inclusión de nuevas tecnologías y una nueva forma de comunicar y enseñar a sus alumnos.

Además de conocer un sinfín de herramientas utilizadas y modelos educativos revolucionarios, este análisis del ámbito educativo me ha permitido llegar a la siguiente conclusión que aunque se aplica al ámbito docente, se puede extrapolar a cualquier ámbito comunicativo.

Ningún contenido llega al receptor de la misma forma que ha sido emitido. Todos, ponentes y espectadores, tenemos que ser conscientes de que tanto en el ámbito educativo como político o empresarial, ninguna idea transmitida llegará al receptor con el mismo significado con el que nosotros la hemos emitido. Inconscientemente, cualquier persona interpretará nuestros mensajes en función de sus propias experiencias y conocimientos previos.

"2 + 2 = 4". Excepto el lenguaje matemático cuyo entendimiento es lo más parecido posible a lo explicado por el emisor, el resto de materias y temas están sujetos a las experiencias previas de quien nos escucha.

Nosotros mismos como ponentes también emitimos los mensajes condicionados por nuestras propias experiencias. Son precisamente éstas las que sumadas a la emoción que nos genera el tema tratado, hace que transmitamos con una mayor intensidad.

"Los oradores sin alma nunca serán buenos oradores".

SILVIA RINCÓN

La actitud Neotelling es la diferencia entre un discurso correcto y uno "que llega". La actitud Neotelling es esa energía que lleva al orador a comunicar con pasión. La actitud Neotelling es el brillo en los ojos de alguien al que verdaderamente le entusiasma lo que está contando. La actitud Neotelling es ese sentimiento de creer en lo que se dice y en cómo se está diciendo, en pensar en la tecnología como vehículo clarificador de ideas y no como una pose o una fachada.

La actitud es, como diría Víctor Küppers, lo que diferencia a personas normales de "personas de olé". ¿Por qué es tan importante la actitud? Porque no se aprende en vídeos, ni en libros ni en tutoriales de YouTube, la actitud habla de lo que sentimos, de lo que nos mueve, de cómo afrontamos la vida.

"Calidad significa hacer las cosas bien, incluso, cuando nadie te está mirando". *HENRY FORD*

Gracias a esta actitud Neotelling se identificarán oportunidades de comunicación en cualquier tipo de tecnología, independientemente de si han sido nombradas o no en este libro. **Dominar el arte de comunicar con tecnología supone concebir la tecnología actual como una herramienta cambiante en la que importa el objetivo y no el vehículo utilizado.**

En 2020[102]...

* 25.000 millones de objetos conectados a Internet.[103]

* El 90% de los vehículos estarán conectados.

* Establecimientos con tecnologías de posicionamiento en interiores.[104]

---

[102] "La Sociedad de la Información en España, 2014". Estudio realizado por la Fundación Telefónica en Enero de 2015. Disponible en: http://goo.gl/Uqw7qJ
[103] En 2014 hay 3.750 millones de objetos conectados a Internet.
[104] Actualmente EE.UU cuenta con 30.000 establecimientos de este tipo.

No se puede no comunicar, ni con tecnología ni sin ella.

Escucha activa de los espectadores y adaptación del discurso.

Oportunidades Neotelling siempre hay. ¡Búscalas!

Traslada el foco de ti a tu auditorio. Ellos son los importantes.

El control de la voz es vital en un discurso Neotelling.

La creatividad generará que nuestro discurso sea memorable.

La actitud es lo que determina el éxito de la comunicación.

Inclusión, no integración, de nuevas tecnologías en el discurso.

No se puede. Quizá la frase más escuchada en estos discursos.

Generar experiencias e interacciones como objetivo fundamental de un discurso Neotelling.

Y ahora... ¿qué?

- **En el ámbito educativo...** aún queda mucho por hacer pero sin duda alguna considero que el ámbito educativo está viviendo una ruptura con el modelo educativo tradicional. En este modelo que muchas veces se conoce como disruptivo, las nuevas tecnologías son la herramienta objetivo para ese cambio hacia una educación más efectiva e impulsora de nuevas habilidades en los estudiantes.

- **En el ámbito político...** creo que se generarán los discursos con nuevas tecnologías más interesados y más sujetos a una normativa en la que no preveo un cambio a corto plazo.

En mi opinión, la mayor parte de los discursos emitidos por políticos nacionales e internacionales no serán discursos Neotelling, ya que les faltará, en la mayor parte de los casos, la actitud Neotelling. Este tipo de discursos no Neotelling serán, simplemente, discursos que usan nuevas tecnologías con el fin de causar sorpresa y apariciones en medios.

Al menos hasta que se produzca un cambio generacional y salvo contadas ocasiones, creo que los políticos integrarán elementos tecnológicos en sus discursos por recomendación de sus asesores, moda, notoriedad de impacto... Pero creo que en salvadas ocasiones se producirá un discurso en el que prime la actitud de incluir nuevas tecnologías porque realmente clarifiquen el mensaje al espectador y aporten algo más que estética al discurso.

- Por último, **dentro del ámbito empresarial...** Si bien para cualquier CEO o portavoz de empresa es esencial controlar la comunicación y saber cómo dirigirse a empleados, medios de comunicación y proveedores, con las previsiones de aumento en cuanto a CEO's de Startups (los populares "emprendedores"), creo que este ámbito .tendrá un gran desarrollo los próximos años.

Según un estudio de Telefónica sobre Millenians, 1 joven de cada 10 se plantea emprender en Europa durante los próximos 10 años. Se trata de una tendencia global liderada por Estados Unidos: en Colombia, 1 de cada 4 tienen como objetivo ser emprendedor y actualmente hay más de 53 millones de americanos que ya trabajan de manera independiente como freelance. Dicha cantidad supone el 34% de la fuerza laboral americana y la tendencia será creciente según las previsiones que predicen que en 2020 la cifra de freelance habrá aumentado a un 50%.

Este auge del emprendimiento como opción vital acelerado por la crisis actual, genera un mayor dominio de los discursos Neotelling para todos los emprendedores. La autogestión obliga a todos los freelance a una formación exhaustiva en oratoria con el fin de dominar un discurso en cualquier situación y una defensa clara de sus posturas. La autogestión está muy unida a "principios y valores digitales" y es por ello por lo que la comunicación con nuevas tecnologías impulsada por la filosofía Neotelling cobra más sentido.

Fernando Polo, Director General Ejecutivo de Territorio Creativo, cuenta precisamente en sus conferencias cómo estamos ante un fuerte cambio social y empresarial en el que las compañías que quieran crecer tendrán que aprender a relacionarse con sus clientes y empleados de otra forma distinta. Es en esta relación donde yo creo que la nueva forma de comunicarse cobra un mayor sentido. Según Polo, la nueva empresa necesitará equipos adecuados y motivados: "La digitalización está acabando con los malos jefes"[105].

Tal y como recuerda el matemático Eduardo Sáenz de Cabezón: "Somos seres orales y, por eso, necesitamos historias". Historias con las que entendamos un concepto, historias con las que podamos sentir una emoción, historias que nos hagan empatizar con contextos ajenos a nosotros. Al final, no sólo necesitamos estas historias, sino, y sobre todo, necesitamos como seres orales que estas historias estén bien contadas.

Que un ser humano tenga la capacidad de comunicar no significa que no tenga que desarrollar esta capacidad.

Normalmente –y esto además de ser una conclusión también es una pequeña reivindicación- dedicamos tiempo, esfuerzo y horas para aprender fórmulas matemáticas, compuestos químicos, la historia de España, del Mundo y las guerras que cada país ha sufrido en el camino. Sin embargo, apenas dedicamos horas lectivas a pensar, a sentir y, sobre todo, a

---

[105] Conferencia de TEDxAlcarriaSt: "¿Por qué la digitalización está acabando con los malos jefes?". Fernando Polo. 02/10/2015. Referencia online: https://goo.gl/K4VKUq

aprender a comunicar nuestras ideas, argumentos y reflexiones. **Aún siendo seres orales no dedicamos tiempo a formarnos como tal.** En este aspecto no solamente erramos en la escuela, un lugar donde sin duda deberían ser habituales lo que ahora son excepciones: asignaturas de "Oratoria y cómo hablar en público". También lo hacemos en el ámbito educativo en general, en el ámbito empresarial y en el político.

- Si las escuelas no forman individuos capaces de hablar en público, ¿por qué las universidades no dedican este tiempo? ¿Por qué permiten que sus futuros profesionales tengan los conocimientos adecuados pero no habilidades comunicativas para transmitirlos? ¿Por qué sólo hay talleres de debate en algunas Facultades de Comunicación?

Es cierto, como recuerda Víctor Küppers, que no es lo mismo ser formador que experto, pero en educación, necesitamos formadores que enseñen a futuros formadores de todo. No necesitamos cerebros de expertos que no saben transmitir sus ideas, ya que en este último caso, estos expertos estarán menospreciando una habilidad con la que tendrían un enorme potencial de crecimiento.

Cualquier persona que desempeñe un rol de comunicador, en cierto modo, tiene que tener esa habilidad de "Formador". Ya que la misión principal de una comunicación se encuentra en transmitir un mensaje de la forma más eficaz posible y adaptada al receptor para que éste entienda dicho mensaje.

- Y ya en la empresa, ¿por qué no crear un departamento encargado de detectar carencias comunicativas y de otorgarles apoyo y solución? ¿Por qué no tiene sentido darle esa importancia? ¿Por qué nos preocupamos por tener, cada vez más, cerebros plenos y "sabelotodos", en vez de gente que sepa explicar no todo su conocimiento, sino el que es apropiado en cada momento? ¿Acaso una formación en comunicación no reduciría el número de "prepotentes por inseguridad"[106] que aparecen en multitud de reuniones?

- En el ámbito político las clases de oratoria existen en mayor medida, pero lo que, en mi opinión, se echa en falta cuando un político ofrece un discurso es la naturalidad, el alma, la pasión. Emociones que se sienten cuando se ha interiorizado una clase de oratoria y se utiliza realmente el contenido de ésta para transmitir realmente nuestras ideas.

Quizá, una de las conclusiones finales más dura a la que he llegado es la de que **no puede haber formación en oratoria sin la convicción personal de que ésta contribuye a un desarrollo personal y profesional.** Hasta que no apreciemos que cada palabra tiene un significado y que cómo se pronuncie cada una de ellas determinará en la percepción que nuestro espectador tenga de nosotros, no entenderemos realmente para qué sirve la comunicación y, mucho menos, qué es una comunicación Neotelling. En mi opinión, ni siquiera el mejor formador de portavoces podrá enseñar a comunicar a una persona que no aprecia el valor de la comunicación. Las técnicas de comunicación necesitan almas que crean en ellas.

Del mismo modo, **no puede haber formación Neotelling, sin una convicción clara de que las tecnologías pueden contribuir a clarificar un mensaje** y lograr una comprensión del mismo más ágil y memorable. Que las tecnologías puedan

---

[106] Término con el que aludo a esas personas que por no haber aprendido a comunicar ensucian sus argumentos con una prepotencia que no sienten. Un tono y una comunicación

ayudar en una comunicación no significa que siempre tengamos que recurrir a ellas.

Nos encontramos inmersos en un cambio de percepción y de actitud, en el que independientemente del uso que le demos a las nuevas tecnologías, es evidente que están aquí para ayudar a trasladar nuestras ideas. Estamos en un momento en el que si es importante todo lo que varía, más lo es aún lo que permanece en el tiempo y, sin duda alguna, este elemento es la voz. Dicen que las nuevas generaciones son visuales y no textuales, pero todas ellas tendrán que explicar sus proyectos en algún momento, en alguna conferencia o en alguna entrevista y será entonces cuando su proyecto luzca o se apague en función del uso que hagan de su voz.

Saber comunicar es...
La diferencia entre "entrar" o "salir".
La diferencia entre "pisar fuerte" o "pasar de puntillas"
La diferencia entre "seguridad" y "miedo"

Puedes llamarlo discurso Neotelling o como quieras, lo verdaderamente importante es que sepas que saber llevar a cabo una comunicación Neotelling es saber adaptar tu mensaje a un público que se encuentra en diferentes dispositivos en distintos momentos y tienes que dirigirte a ellos con la misma intensidad como si se tratase de una comunicación One to One. Un mismo hilo conductor transmitido en las diferentes plataformas.

---

no verbal que transmite superioridad cuando, simplemente, es la coraza que han aprendido a ponerse ante la inseguridad que les genera hablar en público.

Metáfora de la Comunicación Neotelling

FEEDBAC

Disfruta de esta sencilla historia contada de manera simultánea con distintos dispositivos. Tener una mentalidad omnicanal significa crear de una forma distinta y conocer la interacción posible entre off y on, independientemente de que se utilice o no ésta en cada caso.

(requiere login en Facebook)

¿Qué causa te apetece defender?

1) Recuerda el tema que elegiste al empezar
este libro o escoge otro.

2) Escribe tu propio discurso "Neotelling" en la
siguiente hoja o en mi web:

3) Compara el discurso inicial y el discurso
"Neotelling", ¡espero que encuentres grandes
diferencias en tu manera de comunicar!

(Publica el discurso en mi web y entrarás en el sorteo
de una *formación en oratoria con nuevas tecnologías*)

*Gracias por haber llegado hasta la última hoja,
y perdona por los errores que te hayas encontrado
en el camino.*

Permítete que las lecciones de vida de otros te inspiren a aprender las tuyas propias.

Todos tenemos dos vidas. La segunda empieza cuando nos damos cuenta de que sólo tenemos una.
TOM HIDDLESTON

Creí que era una aventura y en realidad era la vida.
JOSEPH CONRAD

La inspiración existe, pero tiene que encontrarte trabajando. PABLO PICASSO

Los verdaderos oyentes empáticos hasta pueden oír lo que se dice en el silencio. Lo más importante en la comunicación es oír lo que no se está diciendo.
PETER F. DRUNKER

La mirada del que ama no es realista, es una mirada de proyección. JOSEF PIEPER

La competición no acaba hasta no cruzar la meta.
ANNE MARIE HAEHNER

Mi padre me enseñó a trabajar pero no me enseñó a amar el trabajo. ABRAHAM LINCOLN

No queremos tener la razón, nos basta con tener argumentos. ANTONI GUTIÉRREZ RUBÍ

If you can dream it, you can do it
WALT DISNEY

Si abordas una situación como asunto de vida o muerte, morirás muchas veces. ADAM SMITH

La inteligencia emocional no es lo contrario de la inteligencia, no es el triunfo del corazón sobre la cabeza. Es la única intersección de ambas. DAVID CARUSSO

Las tres enfermedades del hombre actual son la incomunicación, la revolución tecnológica y su vida centrada en su triunfo personal. JOSÉ SARAMAGO

Nadie debería pasar de puntillas por el mundo cuando puede pisar fuerte. Eluniversodelosencillo.com

Las mentes son como los paracaídas. Sólo funcionan cuando se abren. THOMAS DEWAR

Hay dos días grandes en la vida de una persona, el día que nace y el día que descubre para qué.
WILLIAM BARCLAY

Bibliografía y Webgrafía

Con el fin de realizar una bibliografía práctica, he publicado en mi web todos los enlaces de las fuentes consultadas. De este modo podrás leer los artículos que más te interesen simplemente capturando el siguiente código QR.

Webgrafía:

- Albert Mehrabian [...] Unless a communicator is talking about their feelings or attitudes, these equations are not applicable. Referencia online: http://goo.gl/nXjISR
- Conferencia TEDxAndorralaVella. "Actitud", Víctor Küppers. 2013. Referencia a partir del minuto 6. Disponible online en la url: https://www.youtube.com/watch?v=nWecIwtN2ho
- Tsontcho Ianchulev et al."Wearable Technology With Head-Mounted Displays and Visual Function". Jama (4 de noviembre, 2014). Fuente: web agenciasinc.es.
- Blog de Tecnología de Orange, Ohmyphone: "Google Glass afectan a nuestra salud visual". Referencia online: http://goo.gl/wa47Vh
- Definición de la PNL: https://goo.gl/1HzR4R
- Técnicas y recursos de la PNL: http://goo.gl/yvd5h8
- "Influence: The Psychology of Persuasion". Robert Cialdini. 1984. Referencia online: http://goo.gl/WGYgSV

- II Estudio de Medios de Comunicación Online. 2015. Referencia online: http://goo.gl/sB6Y6N
- Una de las primeras páginas indexadas por Google con el término "Generación C" data de 2006: http://www.joando.com/2006/11/generacion-c.html
- "Cómo el uso de tu smartphone está afectando tu cerebro". Lucía Yarzabal. Referencia online: http://goo.gl/jGH4M3
- "Cómo afecta usar móvil y ordenador a la vez al cerebro, las emociones y la conducta". EP Infosalus. 2014. Referencia online: http://goo.gl/ZY1wLi
- "El uso del dedo pulgar en smartphones provoca cambios en la actividad cerebral". Revista estadounidense Current Biology. 2014. Referencia online: http://goo.gl/eMsjEU
- "Technology and informal education. What in taught, what in learned". Patricia Greenfield. Science, 323, nº. 5910. 2 de enero de 2009: 69-71. Referencia online: http://goo.gl/XvMPuy
- Investigación de Think Insights (think with Google). "Generación C. La Generación YouTube". Marzo 2013. Referencia online: https://goo.gl/KFWFJX
- "La Generación C: crea, contenido, conecta y comunica". Oliverio Pérez Villegas. 11/09/2013. Referencia online en: http://goo.gl/JUoK63 y web propia: http://goo.gl/mzniAu
- "The Connected Consumer and the New Decision-Making Cycle". Brian Solis. Referencia online: http://goo.gl/wVZKTX
- "El speechwriter o los obreros y escultores de palabras". David Rédoli, ACOP. 01/04/2015. Referencia online: http://goo.gl/lJ9u2j
- "'Hope', 'Yes, we can'. El fenómeno Obama'08. Nuevas tecnologías y nuevas políticas". Paz Villar. Referencia online: http://goo.gl/5UjdiA
- "La boleta parlante y la realidad aumentada". Sebastián Abrevaya. 31/07/2013. Referencia online: http://goo.gl/weCrM7
- "La campaña electoral alemana se suma a las nuevas tecnologías con la Merkel-App". La Razón. 05/09/2013. Referencia online: http://goo.gl/0qQ8Tk
- Artículo en la propia web del Partido Popular presentando la nueva web. Referencia online: http://goo.gl/27eX20
- "Jun, el pueblo que se convirtió en modelo para MIT por su uso revolucionario de Twitter". Leire Ventas. BBC Mundo. 26/06/2015. Referencia online: http://goo.gl/i4dEj9
- "Cómo la realidad virtual influirá en las presidenciales americanas de 2016". Rafael Pérez. 22/07/2015. Referencia online: http://goo.gl/jvCpa8

- "Se espera que la demanda de wearables crezca en las empresas". Hilda Gómez. Dealer World España. 12/01/2015. Referencia online: http://goo.gl/Nz9oc9
- "¿Qué es la tecnología wearable y qué uso tendrá en el sector seguros?". Informe Accenture Insurance Technology Vision 2015. Referencia online: http://goo.gl/pjo339
- "El entorno laboral se decanta por los wearables". ComputeWorld España. 02/03/2015. Referencia online: http://goo.gl/1lIS2i
- "El futuro tecnológico para el marketing digital: Internet de las cosas, realidad aumentad y wearables". PuroMarketing. Septiembre 2015. Referencia online: http://goo.gl/zC11zN
- "Cómo la realidad virtual podría cambiar por completo las experiencias de usuario". PuroMarketing. Septiembre 2015. Referencia online: http://goo.gl/VN4IbF
- "España, líder de la UE en abandono escolar prematuro con una tasa del 21,9%". Europa Press. El País. 20/04/2015. Referencia online: http://goo.gl/siE62e
- "Las aulas 'feas' producen menos estudiantes". Julio César Casma. El País Internacional. 22/05/2014. Referencia online: http://goo.gl/ywBT3h
- "El ordenador solo no educa". El País. 16/09/2015. Referencia online: http://goo.gl/i1Xpd0
- Conferencia de TEDxUniversidaddeNavarra: "Algo que no pueda encontrar en Google". Álvaro González-Alorda. Referencia online: https://goo.gl/gx8enc (minuto 15).
- Web del proyecto Physics on the Go: http://sandiegoysanvicente.com/physicsonthego/
- "El mejor profe de España". Mª Jesús Ibáñez. El Periódico. 15/12/2014. Referencia online: http://goo.gl/vAD3Vm
- "Wearable en educación. usos innovadores de Google Glass". Rafael Pérez. 02/06/2014. Referencia online: http://goo.gl/uPXaQX
- Vídeo "Tweed For a Read Português1". Agencia Mood. 13/08/2014. Referencia online: https://goo.gl/H5fr7T
- Documental "Lo extraordinario dentro de lo cotidiano. El fotógrafo Chema Madoz: 'Regar lo escondido'". TVE. Referencia online: http://goo.gl/iFWKcQ
- "Los profesores deben dar un salto de fe hacia la tecnología". Eva Mosquera. El Mundo. 07/09/2015. Referencia online: http://goo.gl/ZzSWVA

- "El ordenador solo no educa". El País. 16/09/2015. Referencia online: http://goo.gl/I2x5VC
- Vídeo de María Acaso en SIMO Educación 2014. Referencia online: https://goo.gl/4Y0EP8
- "¿Sustituirá un anillo al ratón del ordenador?". Rachel Metz. Noticias BBVA. 19/12/2014. Referencia online: http://goo.gl/9N6njv
- "Intel Curie es un módulo con el tamaño de un botón que convierte a cualquier objeto en 'inteligente'". Xataka. 07/01/2015. Referencia online: http://goo.gl/V4A2sG
- Proyecto "RePhone Kit" en la web Kickstarter. Referencia online: https://goo.gl/pz5GSh
- Lectura recomendada para fomentar la creatividad: "10 apps que harán brotar su creatividad a borbotones". Referencia online: http://goo.gl/IHdn3E
- Documental "Touchable Memories". Referencia online: https://goo.gl/4tpoq8
- Conferencia en TEDxLincolnSchool. Tamela Hedström, "El viaje de tu vida". Referencia online: https://goo.gl/67F7W9
- "Rajoy, Google Glass y la realidad aumentada". Antoni Gutiérrez-Rubí. 26/12/2013. Referencia online: http://goo.gl/Sx8eje
- Política de Cookies: www.politicadecookies.com
- Real Decreto 732/1995, de 5 de mayo… Referencia online: http://goo.gl/7UyWf3
- "En España falta una ley nacional". M. J. Pérez-Barco. ABC. 27/05/2012. Referencia online: http://goo.gl/dAQ99K
- "Prohíben los móviles en los institutos y colegios de Castilla-La Mancha". David G. Bolaños. Cinco Días. 25/11/2014. Referencia online: http://goo.gl/oI5c3t
- "La Xunta permitirá el uso del móvil en los colegios solo si es con una finalidad pedagógica". Domingos Sampedro. La Voz de Galicia. 09/01/2015. Referencia online: http://goo.gl/2BZXOR
- "Siete razones por las que se debe encender el móvil en clase". Susana Pérez De Pablos. El País. 23/02/2015. Referencia online: http://goo.gl/OA8Tu8
- "El Partido Pirata se lleva la máquina de escribir al parlamento como protesta por la prohibición de usar portátiles". Daniel Civantos. La Información. 26/09/2012. Referencia online: http://goo.gl/3HRLxP
- Internet World Stats. 2015. Referencia online: http://goo.gl/RRlEP5
- "Renesys "pinta de verde" los países que lo tienen más fácil para desconectar internet". David Ballota. Genbeta. 11/12/2012. Referencia online: http://goo.gl/eP3sRj

- "Nativos digitales: ¿Quiénes son y qué significa?". CNN en Español. 25/01/2013. Referencia online: http://goo.gl/74kEmI
- "La Sociedad de la Información en España, 2014". Estudio realizado por la Fundación Telefónica en Enero de 2015. Disponible en: http://goo.gl/Uqw7qJ
- Conferencia de TEDxAlcarriaSt: "¿Por qué la digitalización está acabando con los malos jefes?". Fernando Polo. 02/10/2015. Referencia online: https://goo.gl/K4VKUq

Bibliografía:

- Diccionario Real Academia de la Lengua, Google Diccionario o Wikipedia (Premio Princesa de Asturias de Cooperación Internacional 2015).
- ANXO PÉREZ: "Los 88 peldaños del éxito". Grupo Planeta. 10ª Edición. España. 2014.
- PAUL WATZLAWICK: "No es posible no comunicar", Herder. España. 2014.
- PAUL WATZLAWICK: "Teoría de la Comunicación Humana", Herder. España. 2009.
- KAISER FAMILY FOUNDATION, "Generation M: Media in the Lives of 8-18 Year-olds". Estados Unidos. Referencia online: https://goo.gl/jAcWn3
- SMALL, G. W., MOODY, T. D., SIDDARTH, P. Y BOOKHEIMER, S. Y.: "Your Brain on Google: Patterns of cerebral activation during internet searching", American Journal of Geriatric Psychiatry, 17, no. 2, febrero de 2009): 116-126.
- NICHOLAS CARR: "The Shallows. What the Internet is doing to our brains". W. W. Norton&Company. Londres. 2011.
- RAHAF HARFOUSH: "Yes we did". Ediciones Gestión 2000. España. 2010.
- "Informe de tendencias digitales 2015. Toma el control de tus contenidos". Editado por Hotwire, 2015, pag. 21.
- Encuesta sobre Equipamiento y Uso de Tecnologías de la Información y Comunicación en los Hogares. Instituto Nacional de Estadística. 2014. España.

www.ingramcontent.com/pod-product-compliance
Lightning Source LLC
Chambersburg PA
CBHW051823090426
42736CB00011B/1622